새로운 교육의 탄생

K-교육, 세종에서 시작합니다

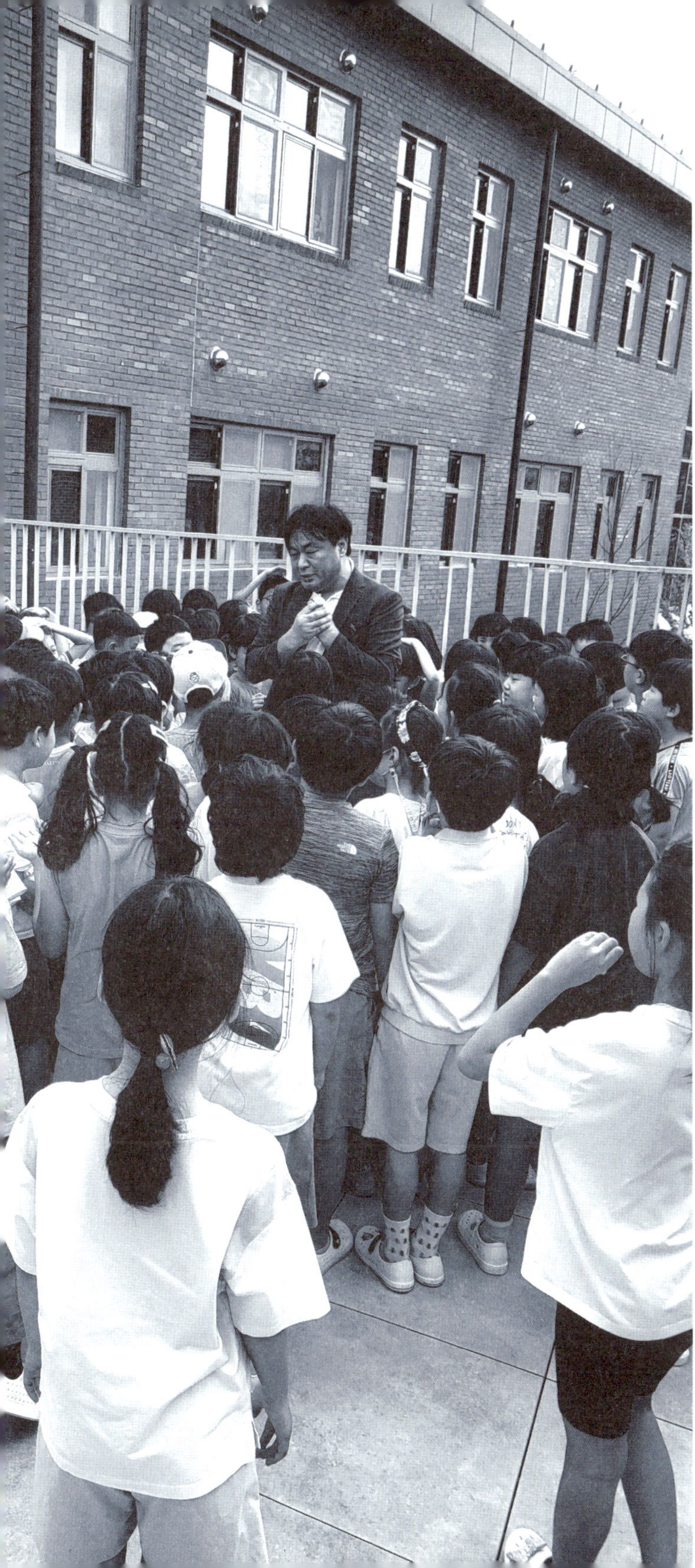

새로운 교육의 탄생

K-교육, 세종에서 시작합니다

유우석 지음

새로운 교육의 탄생을 기다리며

교육부장관
최교진

온라인 서점 알라딘에 유우석이라는 이름을 검색창에 넣으면, 《축구왕 이채연》을 비롯해 여러 권의 책이 올라온다. 제19회 창비 '좋은 어린이책' 원고 공모에서 대상을 받았다는 작가 소개도 함께 나온다. 《축구왕 이채연》은 축구를 좋아하는 마음으로 똘똘 뭉친 여자 축구부의 좌충우돌 훈련기와 개성 넘치는 등장인물들의 관계 변화를 경쾌하게 그린 동화이다.

동화 작가 유우석은 해밀초등학교에서 교장을 지냈다. 해밀교육공동체가 만들어낸 수많은 실험과 실천은 여러 지역에서 벤치마킹 대상이 되기도 했다. 해밀초의 교장실은 유리창으로 되어 있어 복도를 지날 때 안이 훤히 보인다. 어떤 때는 교장실에 교장은 없고 학생 서너 명이 시시덕거리며 놀고 있기도 한다. 동화 같은 교장실이다. 그의 교육철학을 단적으로 보여주는 한 장면이다.

《새로운 교육의 탄생》은 유우석 선생의 교육경험이 잘 드러나 있다. 그 경험은 단순한 역사가 아니라 우리 교육이 나아갈 방향과 가치가 담겨있다는 점에서 교육계뿐만 아니라 많은 사람이 공유하면 좋을 만한 내용들이다.

그는 K-팝, K-콘텐츠가 한국 사회의 역사와 문화, 산업 역량이 결집된 결과물인 것처럼, 'K-교육'을 말한다. 그것은 단순한 국가 브랜드가 아니라 한국 사회가 오랫동안 축적해 온 교육 경험의 장점과 한계를 재구성해 미래형으로 설계하는 작업이라고 정의를 내린다. "한국에서만 통하는 교육"이 아니라, 한국이 먼저 부딪힌 문제들 속에서 길어 올린 해법을 세계와 나누는 미래지향적 공공 프로젝트라는 설명에 귀를 기울일 필요가 있다.

> "학교는 매우 섬세하지만 단단한 조직이다. 자연은 진공을 허락하지 않는다고 한다. 마찬가지로 학교도 자연과 촘촘히 연결되어 서로에게 영향을 주고받는다. 작용이 있으면 반작용이 있고, 밀면 밀렸다가 다시 당기고, 어떨 때는 한 겹처럼 보였다가 좀 더 자세히 보면 여러 겹이 보이기도 한다. 학교도 자연처럼 진공을 허락하지 않는 조직이다. 어쩌면 자연의 일부로서 존재하려는 것 또는 자연을 닮으려고 하는 것이 가장 이상적인 학교의 모습일지 모른다."

학교에 대한 정의는 다양하고 배우는 과정 또한 복잡하다. 유우석 선생은 학교에 대한 단순한 규정과 정의를 벗어나려고 한다. 질문은 하나여도 답은 여러 개일 수 있다. 답 속에 새로운 질문이 숨어있거나 드러날 수도 있다.

학교는 학생들의 전인적 성장을 도와야 한다. 학생이 학교에서 존중받고, 실수와 실패가 낙인이 아니라 든든한 자산이 되도록 해야 한다. 학교는 학생을 관리의 대상이 아니라 동료 시민으로 바라볼 수 있도록 꾸준한 연습장이 되어야 한다.

《새로운 교육의 탄생》은 뛰어난 누구 하나의 힘이 아니라 공동체의 지성에서 나와야 한다. 유우석 선생이 밝히는 교육의 미래에 귀를 기울여 보자. 아이들의 재잘거리는 웃음소리가 들릴 것이다. 이 책을 펼치면 학교가 미래를 바꿀 수 있다는 믿음이 더욱 커질 것이다.

학생 여러분이 있기 때문에
학교가 있는 것이라고...

해밀고등학교 재학생

황재필

어느 날 유우석 선생님께서 이 책의 추천사를 써 달라는 부탁을 하셨다. 나는 그 제안을 받고 '한번 읽기라도 해보자'라는 가벼운 마음으로 책상에 앉아 책을 펴고 읽기 시작했다. 그러나 몇 분도 채 지나지 않아 나는 이 책에 완전히 깊이 빠져 있었다.

이 책은 흔히 '미래교육'을 주제로 하는 다른 책들과 달랐다. 선생님께서 이제까지 걸어오셨던 길을 자랑하거나 성과를 나열하는 것이 아니다. 대신 유우석 선생님께서 지난 20여 년간 걸어 오셨던 교직 생활에서 직접 보고, 듣고, 고민했던 점들을 이야기하고 있다.

다른 지역 교육의 장점과 한계, 세종교육과의 차이, 그리고 앞으로 세종교육이 어떤 방향으로 나아가야 할지에 대한 고민이 분명하게 드러난다.

책을 읽다 보면, 나는 살아보지 않았던 교육공간이 서서히 보이기 시작하는 착각까지 들었다. 그만큼 이야기는 생생하고 진솔하다. 이 책은 지금 막 새로운 일을 시작하는 사람들, 혹은 도전을 망설이고 있는 사람들에게도 큰 희망을 줄 것이다.

교육은 학생만으로 완성되지 않는다. 학생을 가르치는 교사, 그리고 학생의 성장을 함께 지켜보는 학부모, 그리고 정책이 함께 해야 비로소 진정한 교육, 교육공동체가 만들어진다. 이 책은 그 공동체의 의미를 다시 한번 깊이 생각하게 한다.

배움과 성장은 끝이 없다. 미래교육도 마찬가지다. 미래교육은 이미 있었던 걸 단순히 고쳐 내는 것이 아니라, 서로 힘을 모아서 새로운 것을 만들어 내는 과정이라고 믿는다. 앞으로 교육수도 세종이 풀어야 할 숙제는 새로운 생각과 도전을 이어 갈 수 있도록, 한 걸음씩 나아갈 수 있는 단단한 발판을 마련해 주는 일일 것이다.

마지막으로 유우석 선생님께서 나의 초등학교 졸업식 때 해 주셨던 말씀으로 이 추천사를 마치려 한다.

"학생 여러분이 있기 때문에 학교가 있는 것이고, 학교가 있기
  에 교육이 있는 것입니다!"

옆에서 함께 걸어주던 어른을 만나다

교사

김예지

《새로운 교육의 탄생》을 읽는 동안, 유우석 교장선생님과 함께 해밀초에서 보냈던 시간이 잔잔히 떠올랐습니다. 교실과 복도, 교장실과 교무실을 오가며 스쳐 지나갔던 평범한 하루의 장면들이 책장을 넘길 때마다 하나씩 되살아났습니다. 교사로서 분주하게 하루를 살아내던 그 시간 속에, 이 책이 말하는 교육은 이미 조용히 실현되고 있었습니다.

제가 기억하는 교장선생님은 늘 학교의 가장 가까운 곳에 계셨습니다. 쉬는 시간마다 교장실에는 아이들의 웃음소리가 자연스럽게 모여들었고, 급식 시간에는 학생들 곁에 앉아 같은 눈높이로 식사하시며 이야기를 나누셨습니다. 교장선생님과 함께 있을 때 아이들은 유난히 편안하고 행복해 보였고, 그런 아이들을 바라보는 교장선생님의 얼굴 또한 늘 따뜻한 미소로 가득했습니다.

학교 곳곳에서 이어지던 작은 협의회 자리에서도 그 모습은 다르지 않았습니다. 교사들의 크고 작은 이야기가 오갈 때, 교장선생님께서는 늘 말보다 먼저 귀를 기울이셨습니다. 쉽게 답을 내리기보다 "같이 생각해보자"라는 말로 대화창을 열어 주셨고, 그 과정 속에서 학교의 일은 누군가의 결단이 아니라 공동체가 함께 고민하고 함께 만들어 가는 일이라는 믿음이 자연스럽게 자리 잡았습니다. 그 순간들 속에서 교사들은 학교의 한 구성원으로 존중받고 있다는 느낌을 받을 수 있었습니다.

무엇보다 오래 마음에 남는 것은 교사를 대하는 그분의 태도였습니다. 교장선생님께서는 교사의 가능성을 믿어 주셨고, 하고 싶은 교육이 있다면 마음껏 펼칠 수 있도록 기다려 주셨습니다. 곁에서 함께 고민하며 끝까지 동행해 주셨기에, 교사들은 자신이 진정으로 꿈꾸던 교육에 용기 내어 도전할 수 있었습니다. 그리고 그 선택들은 고스란히 아이들에게 좋은 배움으로 이어졌습니다. 교사가 성장할 때 아이들도 함께 성장한다는 사실을, 저는 그 학교에서 분명히 경험하였습니다.

교사로서 저는 그런 리더십을 늘 배우고 싶었습니다. 위에서 이끄는 사람이 아니라, 옆에서 함께 걸어주는 사람의 모습 말입니다. 그리고 저는 여전히 그 리더십을 배우는 중입니다. 《새로운 교육의 탄생》을 통해 그때의 장면들이 다시 떠올랐고, 제가 어떤 마음으로 교실에 서야 하는지도 다시 생각하게 되었습니다.

책을 덮으며 '담장 위를 걷는 교장'이라는 말이 떠올랐을 때, 제 마음속에는 자연스럽게 유우석 교장선생님의 얼굴이 그려졌습니다. 학교 안과 밖을 오가며 보여 주셨던 그 모습들은 한 개인의 실천을 넘어, 교육공동체가 함께 새로운 교육을 만들어 갈 수 있다는 가능성을 증명해 주었습니다. 이 걸음이 세종을 넘어 한국 교육의 한 모델로, K-교육의 새로운 모습으로 오래 이어지기를 한 교사로서 조심스레 응원해 봅니다.

'운영하는 사람'이 아니라
'함께 살아가는 사람'으로서의 학교

소담초등학교 학부모회장

손진영

집필하신 책을 읽어 내려가며 가장 먼저 느낀 것은 선생님의 섬세함과 따뜻함이었습니다. 사랑하는 아이들을 위해, 아이들이 가질 수 있고 누릴 수 있는 모든 가능성을 끝까지 열어 주고자 하는 분이라는 믿음이 자연스럽게 들었습니다.

그 따뜻함은 아이들에게만 머무르지 않았습니다. 학부모를 단순한 '보조자'나 '의견 제시자'로 대하는 것이 아니라, 아이들의 성장을 함께 책임지는 협력자이자 교육공동체의 일원으로 바라보며 같은 방향을 향해 함께 고민하고 만들어 가는 분이라는 점을 깊이 느낄 수 있었습니다.

유우석 선생님은 학교를 '운영하는 사람'이 아니라, 학교를 '함께 살아가는 사람'이었습니다. 소담초등학교 학부모회장으로서 학교와 학부모, 그리고 아이들을 잇는 여러 자리에 함께하며 저는 그 사실을 분명히 체감했습니다.

선생님이 계셨던 학교는 언제나 열려 있었고, 학부모의 목소리는 형식적인 의견 수렴에 그치지 않았습니다. 아이들의 일상은 행정의 편의보다 교육의 본질을 중심에 두고 다뤄졌으며, 중요한 결정의 순간마다 교사와 학부모, 아이들이 배제되지 않는 민주적인 문화가 자연스럽게 자리 잡고 있었습니다.

특히 인상 깊었던 것은 문제가 발생했을 때의 태도였습니다. 책임을 미루거나 규정 뒤에 숨기보다, 늘 "이 아이에게 학교는 어떤 어른이어야 하는가"라는 질문을 먼저 던지셨습니다. 그 질문은 교사와 학부모를 같은 방향에 서게 했고, 학교를 신뢰의 공간으로 만들어 주었습니다. 유우석 선생님은 교육을 말로 설계하는 분이 아니라, 현장에서 증명해 온 교육자입니다.

아이 한 명 한 명의 삶을 중심에 두고 학교와 마을, 교육청이 어떻게 연결되어야 하는지를 실제로 보여 주셨으며, 그 과정에서 학부모는 '참여자'가 아닌 진정한 '동반자'가 되었습니다.

저는 유우석 선생님이 만들어 온 학교의 모습이 앞으로 세종교육이 나아가야 할 방향이라고 믿습니다.

아이의 성장을 끝까지 책임지는 학교, 어른들이 함께 고민하고 결정하는 교육, 그리고 신뢰 위에 세워진 교육공동체. 이 모든 것을 이미 실천으로 보여 주셨기 때문입니다. 유우석 선생님을 자신 있게 추천합니다. 교육의 본질을 잃지 않으면서도 새로운 길을 열어 갈 수 있는, 준비된 교육자입니다.

이 감동과 신뢰의 경험이 더 많은 분께 전해지기를 진심으로 기대합니다.

담장없는 학교에서 아이들과 함께
자란 시간, 그 기록을 마주하며

해밀초등학교 아버지회

아이들이 유우석 교장선생님이 계신 학교에 다니는 동안 아버지회가 만들어지고 아이들의 교육에 작은 보탬이 되고자 노력하면서 교장선생님의 유쾌한 웃음을 자주 보았습니다.

오목을 두는 다정한 '파파 스머프'로 때로는 한 걸음 뒤에서 아이들을 지켜보며 든든하게 자리를 지켜주시고 비가 오나 눈이 오나 늘 그 자리에 계셨습니다.

교장선생님의 《새로운 교육의 탄생》 초고를 읽으며, 저희 아버지회에서는 그동안 함께 이야기하던 이야기가 단순한 이상이 아니었음을 진심으로 알게 되었습니다.

책 속에 담긴 "전문가는 정답을 아는 사람이 아니라, 새로운 길을 찾아내는 사람"이라는 구절은, 지난 시간 해밀교육공동체라는 이름으로 함께 걸어온 낯설지만 설레는 길을 관통하는 문장이었습니다.

특히 책 속의 '우유갑 사건' 에피소드에서는 학교와 선생님이 아이들에게 어떤 품이 되어야 하는지를 섬세하게 보여주는 내용이라 가슴 한 구석이 찡해졌습니다.

저희 아버지회의 여러 아버지는 기억합니다.

교장선생님이 대한민국의 교육자로서 새로운 방향을 열어주시고 학교와 해밀 마을이 아이를 함께 기르기 위해 마음을 모아나가는 과정에 큰 힘이 되어주셨던 그 시간을 저는 이 책이 많은 학부모와 여러 교육자에게 든든한 이정표가 되었으면 합니다.

아이들이 스스로 배움의 주인이 되고, 어른들이 그 아이들의 곁에서 함께 성장하는 미래, 이 책이 꿈꾸는 '세종에서 시작된 새로운 교육'이 대한민국 모든 교실의 일상이 될 수 있음을 믿고 응원합니다.

유우석 선생님에게

발레리 앵글마이어Valerie Anglemyer

노스우드 중학교 교사(Northwood Middle School Teacher)

세종의 학교와 귀하의 학교 사이의 공통점과 차이점은 무엇인가요? 독특하거나 인상 깊었던 점이 있다면요?

저는 2022년과 2025년에 세종의 학교들을 방문하며 깊은 인상을 받았습니다. 아름다운 시설부터 따뜻하고 전문적인 교직원들까지, 세종에서는 교육이 매우 중요하게 여겨지고 있다는 점을 분명하게 느껴졌습니다. 제가 관찰한 많은 구조와 시스템은 우리 학교와 유사했지만, 여행을 마치고 제 학교로 돌아가며 곱씹어볼 만한 미묘하지만 흥미로운 차이점들도 분명히 있었습니다.

예를 들어, 우리는 학교의 여러 공간과 교실을 직접 방문할 수 있었는데, 교실에서는 학생들이 학습에 적극적으로 참여하고 있었고, 수업과 이해를 돕기 위한 기술 활용과 연구 기반 교육 실천이 이루어지고 있었습니다. 이는 우리 학교가 지향하는 방향과도 유사합니다. 다만 제가 관찰한 바로는 세종의 교실에서는 교사 중심의 교수 도구 또는 학생 발표 시에 주로 사용되고 있었업니다.

우리 학교에서는 모든 학생이 개인 디바이스를 가지고 있으며, 많은 수업에서 학습 콘텐츠의 주요 수단이 되기도 합니다. 그러나 때로는 이러한 디바이스가 학생들에게 집중을 방해하는 요소가 되기도 합니다. 세종의 교실에서는 그러한 모습을 거의 보지 못했습니다.

또 하나 인상 깊었던 차이는 학교 내 물리적 공간이 학생의 전인적 경험을 위해 다양하게 설계되어 있다는 점이었습니다.

예를 들어, 학생들이 관찰할 수 있는 물고기와 동물이 있는 수조, 식물이 가득한 공간, 학생들이 자유롭게 사용할 수 있는 피아노, 바닥에 표지와 표시가 그려진 실제 거리와 같은 공간도 보았습니다.

학생들이 응급처치 수업을 듣고, 다양한 방과후 동아리 활동을 위한 전용 공간이 있다는 점도 알게 되었습니다.

저는 세종의 학교들이 학생들을 단지 학습자로서뿐 아니라, 시민으로서 자신감과 역량을 갖고 도시에서 살아가며 기여할 수 있도록 돕는 데 많은 노력을 기울이고 있다는 느낌을 받았습니다.

교사는 학생과 세상을 잇는 다리가 될 수 있다고 믿습니다. 이러한 관점에서, 세종에서 경험하신 교사들은 이 역할을 어떻게 실천하고 있었나요?

제가 협력해 온 세종의 교육자들은 헌신적이고 열정적이며 지적인 분들이었습니다. 이들은 명확하게 소통했고, 다른 지역 교실과 자신의 교실을 어떻게 연결할 수 있을지 깊이 고민하며 문을 열어 주었습니다. 새로운 프로젝트 아이디어가 개방적이었고, 학생들이 '교사'가 되어 저희 학생들에게 한국과 한국 문화를 가르칠 수 있도록 힘을 실어주었습니다. 이 과정에서 공통점과 차이점에 대한 공동의 이해를 형성하려는 의도가 분명히 드러났습니다.

이는 세심한 온라인 소통, 실시간 화상 수업 참여, 문화 상자(culture box)의 구성 등을 통해 확인할 수 있었습니다. 함께한 교육자들은 온라인 협업을 통해 학생들에게 안전하고 생산적인 방식으로 세상을 보여주고자 하는 열정을 가지고 있었습니다.

우리는 학생들이 새로운 문화를 경험하고, 다른 나라의 또래들과 함께 배우며, 물리적 거리에도 불구하고 인간의 경험에는 많은 공통점이 있다는 것을 깨달을 수 있도록 하는 기회를 함께 만들어 갔습니다.

급변하고 불확실한 시대에 학교는 지역사회와 어떻게 협력할 수 있을까요? 학교가 지역사회와 공존하기 위해 중요한 요소는 무엇이라고 생각하시나요?

학교가 학생들을 생산적인 시민으로 성장시키기 위해서는 지역사회와의 파트너십이 매우 중요합니다. 학교는 지역사회를 학생 교육의 이해관계자로 인식하고, 학교의 중요한 교육 활동을 지원하고 기회를 제공할 수 있는 지역 단체들과 적극적으로 협력해야 합니다.

봉사활동에 참여하거나 지역사회의 노력과 구조를 배우는 과정을 통해 학생들은 자신이 속한 공동체에 대한 자부심을 키울 수 있으며, 사회의 책임 있는 구성원으로 성장할 수 있습니다. 학교는 현재와 미래를 잇는 다리를 만드는 데 가장 적합한 공간으로, 학생들이 문제를 해결하고, 기회를 만들며, 협력적 관계를 형성하는 방식으로 지역사회에 참여할 수 있도록 돕습니다.

지역사회 단체들은 학교에 있어 매우 중요한 지원체가 될 수 있습니다. 우리 지역에서는 이러한 단체들이 학교와 함께하며 도움이 필요한 가정을 지원하고, 아이 한 명 한 명을 온전히 교육할 수 있도록 돕는 통합적 지원 체계를 제공하고 있습니다.

교육자로서, 미래의 교육 리더에게 해주고 싶은 조언이 있다면요?

교육 리더는 현재의 학교와 지역사회, 그리고 교육의 미래 비전을 동시에 바라보아야 할 책임이 있습니다.

성공적인 교육 리더는 다양한 이해관계자의 관점을 종합하고, 교사·학생·가족 모두에게 최적의 경험을 제공할 수 있는 계획과 시스템, 절차를 만들어 갑니다.

교사의 목소리가 존중받을 수 있도록, 교육 리더는 의도적으로 교사들의 의견을 들을 기회를 마련해야 합니다. 그리고 이러한 대화를 통해 드러난 요구를 해결할 수 있는 구조와 시스템을 구축하는 것이 중요합니다. 또한 연구 기반의 교육 실천이 학교 전반에 구현될 수 있도록, 현장 중심의 전문성 개발을 전략적으로 기획하고 실행해야 합니다.

아울러 가르침의 예술성을 이해하고, 교사들이 창의적이고 혁신적으로 수업할 수 있도록 지원하며, 적절한 전문성 연수를 제공할 때 교육 리더는 교사들을 진정으로 성장시키고, 정보에 기반한 책임 있는 미래 시민을 길러낼 수 있습니다.

교육 리더는 데이터를 기반으로 의사결정을 해야 하며, 단일 지표가 아닌 다양한 데이터를 종합적으로 분석해야 합니다. 학생의 경험에는 학교가 통제할 수 있는 요소와 그렇지 않은 요소가 모두 영향을 미친다는 점을 이해하고, 그 속에서도 탁월함을 추구해야 합니다.

또한 교육 리더는 지역사회와 가정의 파트너가 되어야 하며, 교사·가족·지역사회가 함께 협력할 수 있는 비전을 제시해야 합니다.

Similarities between schools and Sejong and yours? Find something unique or different?

I was incredibly impressed by the schools that I visited in Sejong both in 2022 and in 2025. From the beautiful facilities to the welcoming and professional staff, it was clear that education is valued highly in Sejong. Many of the structures that I observed are similar, but there were definitely some nuanced differences that were interesting to discover and consider as I traveled back to my own school. For instance, we were able to visit many areas of the schools and visit some classrooms. In those classrooms, I observed students engaged with their learning, the use of technology to assist with instruction and understanding, and research—based educational practices. This is similar to what we aim to do in our schools. In my observations, I saw the use of technology primarily as an instructional tool used by the teacher (or by students if they are presenting). In our schools, every student has a device. The device is the source of content for many classes (digital textbooks) and I have found that sometimes they are a point of distraction for students. I didn't notice that in the Sejong classrooms that I observed. Another difference I noticed was in the physical spaces within the Sejong schools. There were many spaces in the schools that were allocated to the holistic student experience. For example, I noticed an area with tanks for fish and animals that students could observe and a number of plants lining a room. I saw a piano open for students to use and an area that looked like the streets outside complete with signs and markings on the floor. I learned that students take a first aid class and have dedicated spaces for their many after-school club activities. I left feeling like the Sejong schools work hard to give students skills they will need not only as scholars, but also as citizens who are empowered to contribute to and move about their city with confidence and competence.

We believe teachers can be a bridge between students and the world. In this perspective, how did the teachers in Sejong you experienced put this role into practice in their classes?

The educators that I've collaborated with have been dedicated, passionate, and intelligent. They have communicated clearly and have spent time considering how to open the doors to their classroom to classrooms from other places. They are open to new ideas for projects and have empowered their students to become teachers as they educated my students about Korea and Korean culture. They provided intentionality around creating a shared understanding of our similarities and differences. This was evidenced by their thoughtful online communication, their class's participation in live calls, and their curation of a culture box. It was clear that the educators that I've worked with have a passion for sharing the world with their students in a safe and productive way through our online collaborations. We worked together to create an opportunity for our students to experience a new culture, learn with and from students from another part of the world, and gain the understanding that the human experience has many similarities despite the miles between our students.

Partnerships between schools and the community they are in is incredibly important as schools work to help their students become productive citizens. Schools should consider their communities as stakeholders in the education of the young people the schools serve and should seek partnerships with community organizations to help provide opportunities and support to the important work that a school does. From engaging in service projects to learning more about the efforts and structures in the community, students can be empowered to take pride in their community and can become productive members of society. Schools are an optimal location for creating bridges between the present and the future as they work to equip students to engage in the community in ways that allow them to solve problems, build opportunities, and establish collaborative relationships with others. Community organizations can be an essential support for schools. In our community, these organizations come alongside our schools to provide support to families who are in need and to have wrap around services that allow us to educate the whole child.

Educational leaders have an obligation to have their feet in both worlds: the present, broader community and the teachers that work with current students and the future vision of education and its impact in the broader community. A successful educational leader can take perspectives from multiple stakeholders and can create plans, systems, and processes that work to solve problems and create the most optimal experience for the teachers, students, and families they serve. Educators need to be able to have their voices heard, so educational leaders should intentionally create opportunities to hear the thoughts of educators. Upon hearing feedback, creating systems and structures to address the needs that are illuminated through these conversations is important. Leaders should strategically plan and implement job—embedded professional learning opportunities for educators so research—based best practices are implemented in classrooms around the city. Additionally, understanding the art of teaching and allowing teachers to be creative and innovative, supporting them along the way with professional learning, will allow leaders to truly empower the educators that work under them to continue to develop and to create informed, productive future citizens.

Leaders should use data to inform decision—making and should triangulate their data before moving toward a solution. They should aim for excellence and understand that there are many factors that impact a student's experience including things that are in the school's control and out of the school's control. Educational leaders should be partners with the community and with families. They should have a vision that allows teachers, families, and the community to work together.

세종에서 시작된 대한민국 교육의
또 다른 가능성, K-교육

이 책은 새로운 교육 이론을 설명하기 위한 책이 아닙니다.

교실과 학교, 그리고 지역에서 살아 숨 쉬는 교육의 현장 이야기를 담은 기록입니다.

저는 세종에서 교사로, 그리고 교장으로 아이들과 함께 학교에서 살아왔습니다.

아이들이 웃고 울며 성장하던 교실에서,

학부모와 교사가 함께 고민을 나누던 자리에서,

학교의 울타리가 되고자 애썼던 그 시간 속에서

저는 한 가지 질문을 마음에 품게 되었습니다.

'교육은 어디에서 시작되고, 누구에 의해 완성되는가.'

그 답은 언제나 현장에 있었습니다.

아이들의 작은 목소리 속에,

교사의 흔들리는 고민 속에,

학부모의 간절한 바람 속에,

그리고 공동체가 함께 책임지려는 용기 속에 교육의 본질이 있었
습니다.

세종은 새로운 도시입니다.

도시의 탄생과 함께 교육 역시 처음부터 다시 질문할 수 있었던,
특별한 공간이었습니다.

기존의 관행보다 '왜'를 먼저 묻고,

속도보다 방향을 고민할 수 있었던 곳,

그곳이 바로 세종이었습니다.

이 책에 담긴 이야기는

세종이라는 공간에서 시작된 교육의 실험이

어떻게 '새로운 교육'으로 자리 잡아 갔는지를 담고 있습니다.

'함께 만드는 교육',

'아이를 중심에 둔 교육',

'학교를 넘어 마을로 확장되는 교육'은 이제 추상이 아니라,

세종의 교실과 학교에서 현실이 되어가고 있습니다.

저는 이 이야기가 세종이라는 한 지역의 경험으로만 머물지 않기를 바랍니다.

세종에서 시작된 이 여정이 대한민국 교육의 또 다른 가능성,

곧 K-교육의 한 방향으로 이어지기를 바랍니다.

경쟁과 선별이 아닌 공동체와 책임,

성과가 아닌 성장에 주목하는 교육,

아이 한 명 한 명의 삶을 끝까지 품어내는 교육 말입니다.

이 책은 완성된 모델을 제시하지 않습니다.

대신 시행착오와 질문,

때로는 흔들리고 멈춰 섰던 과정까지 솔직히 담았습니다.

그 과정 자체가 곧 '새로운 교육의 탄생'이라 믿기 때문입니다.

이 책이 누군가에게는 자신의 교실과 학교를 돌아보는 공감의 기록이 되기를,

또 누군가에게는 "우리도 다시 시작할 수 있다"라는 작은 용기가
되기를 바랍니다.
　그리고 각자의 자리에서 또 다른 '새로운 교육'이 태어나기를 기대
합니다.

　교육은 혼자 만들 수 없습니다.
　함께 질문하고, 함께 결정하고, 함께 책임질 때
　비로소 길이 됩니다.

　세종에서 시작된 이 이야기가 대한민국 곳곳으로 번져 가는 작은
불씨가 되기를 바라며,
　오늘도 교실과 학교, 그리고 지역에서
　아이들과 함께 애쓰고 계신 모든 교육공동체 구성원께
　깊은 존경과 감사의 마음을 전합니다.

　감사합니다.

해밀초등학교 교장 발령 기념

해밀초등학교 첫 등교 기념 사진

아이들의 통학로 지킴이

코로나19 위기에서 운영된 2022학년도 졸업식

서이초등학교 세종집회 참여

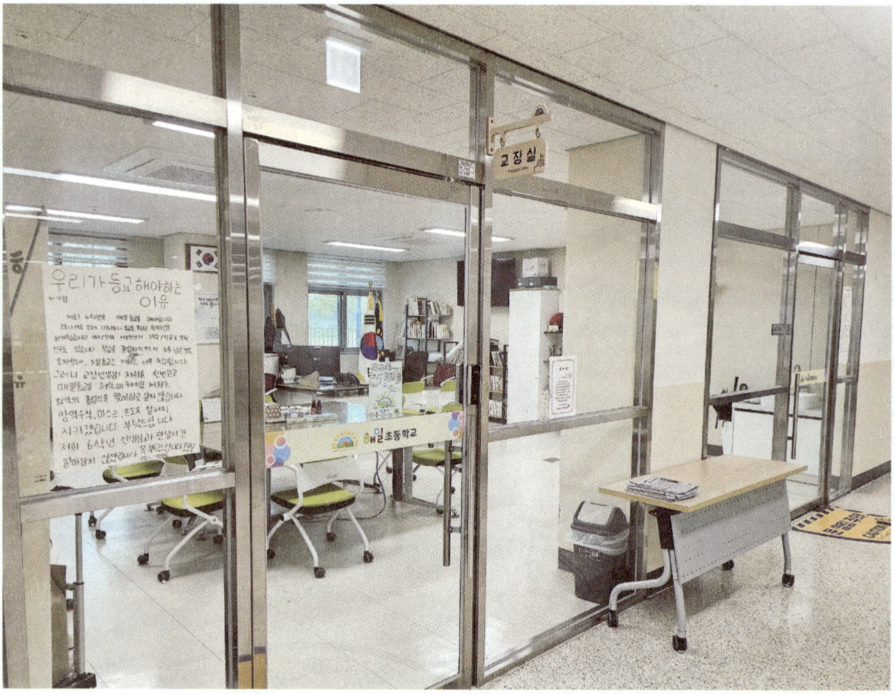
우리가 등교해야하는 이유
교장실
해밀초등학교

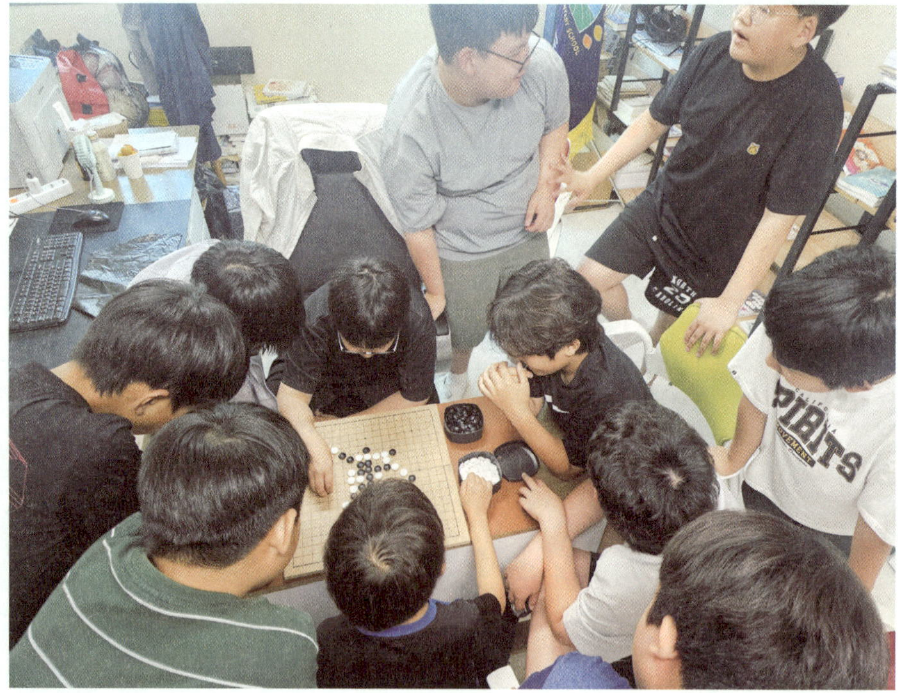

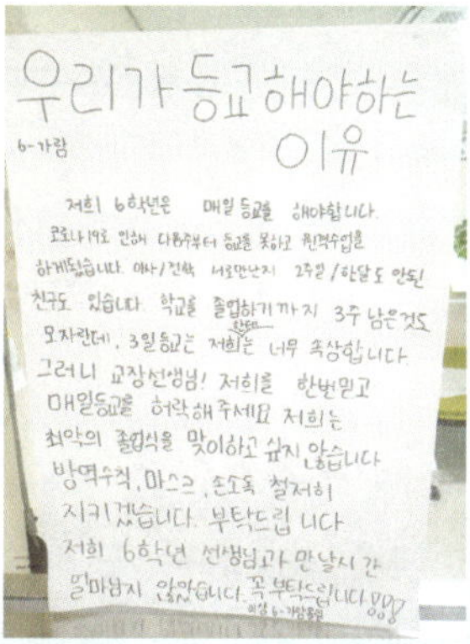

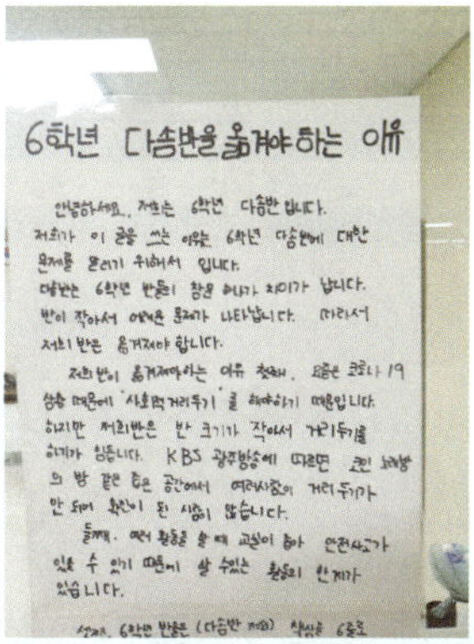

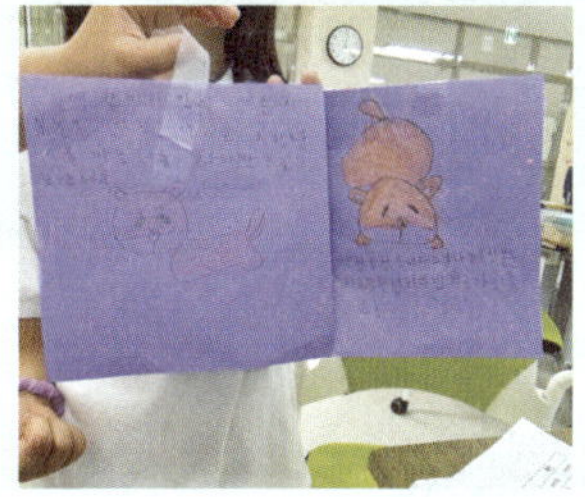

해밀초등학교 열린 교장실

2023 해밀무지개축제

2023 해밀무지개축제 우석분식

《새로운 학교의 탄생》 출판 기념회

해밀마을학교지원센터 개소식

24년도 1/4 분기 해밀교육마을협의회

일시 : 2024년 3월 6일(수) 16시~
장소 : 해밀초 카페
참여 대상 : 해밀(유,초,중등)학교, 해밀동주민센터, 해밀동주민자치회,
해밀마을1,2단지, 해밀행복사회적협동조합

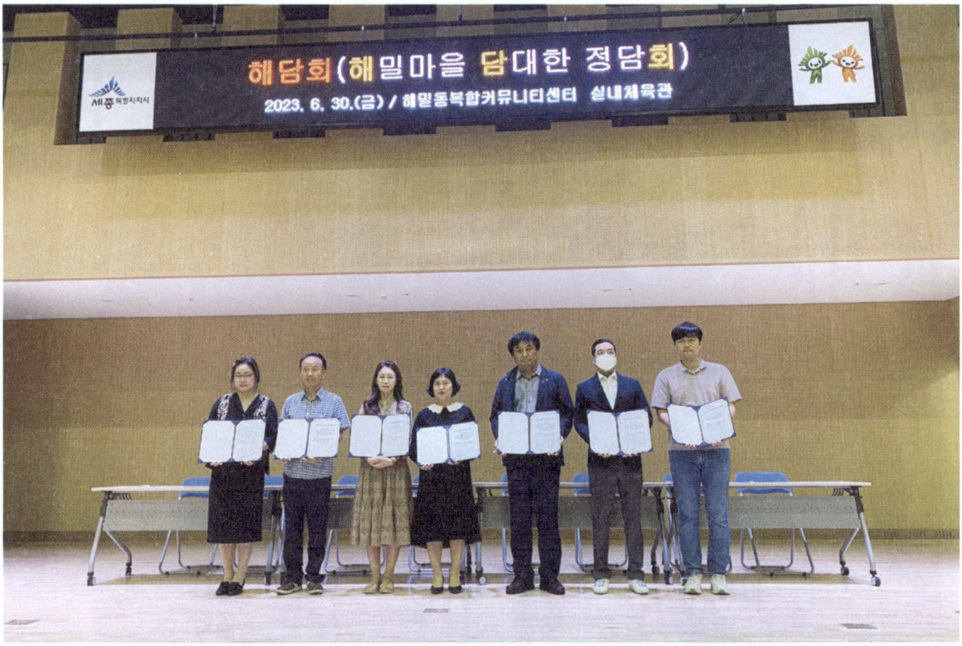

세종특별자치시
해담회(해밀마을 담대한 정담회)
2023. 6. 30.(금) / 해밀동복합커뮤니티센터 실내체육관

Break Time

해밀마을교육협의회

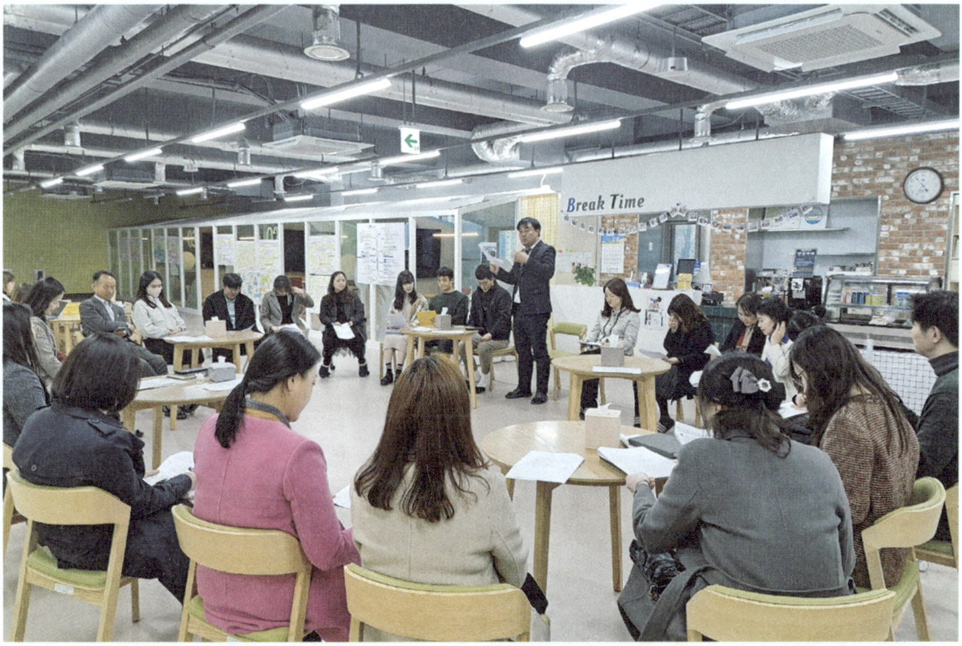

두루미 책방에서

수능날 세종고등학교 앞에서 응원

무지개축제 '교장쌤의 라면가게' 앞에서

순국선열 애국지사 추모식 참석하면서

사람책 도서관 사람책으로

해밀초등학교 아버지회에서 받은 편지

학생들에게 받은 편지

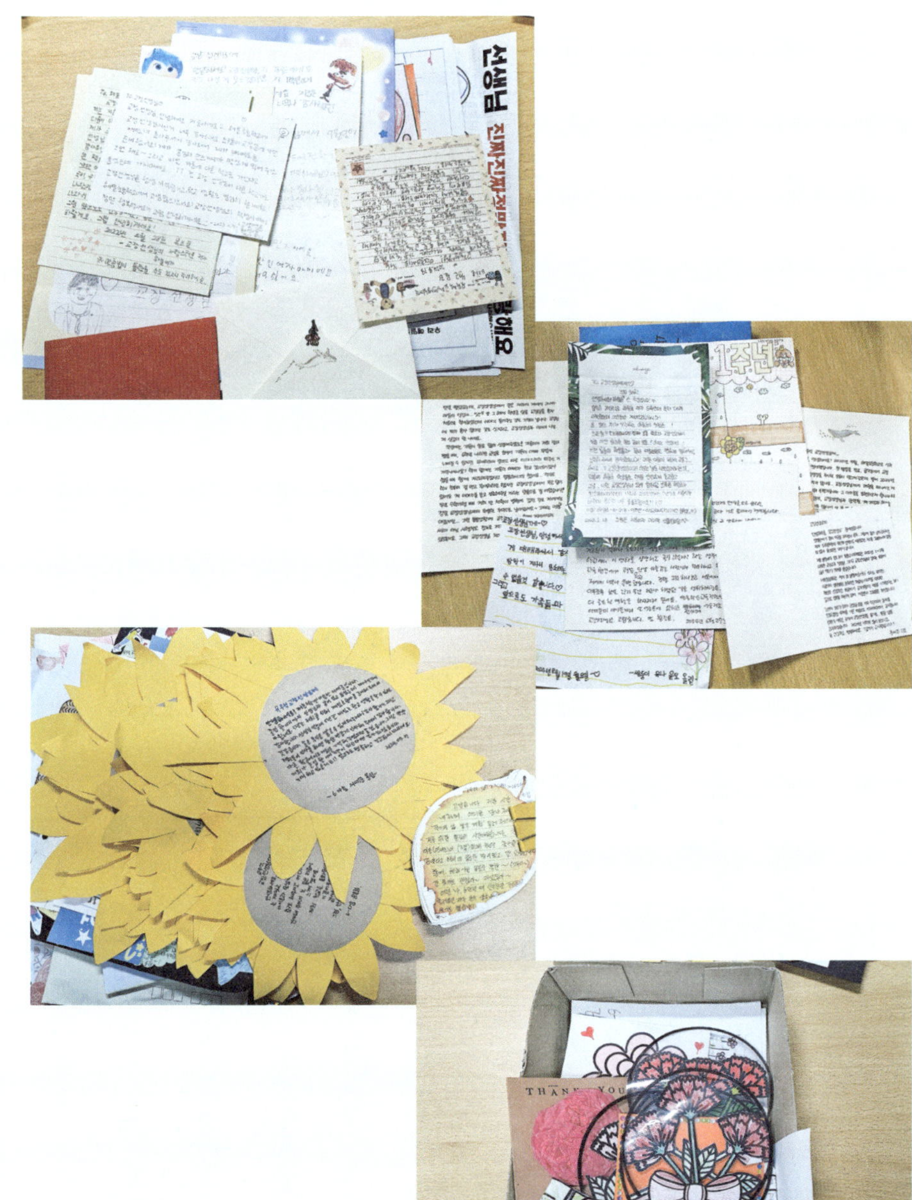

학생들에게 받은 편지

I 새로운 학교를 꿈꾸다

II 새로운 미래를 준비하는 세종교육

III 위기 속에 빛나는 기회, 세종교육

♥ 햇님보다 따뜻한 ♥
신종님 교감 선생님 감사합니다.

새로운 학교를
꿈꾸다

전문가가 되고 싶다는 생각을 한다.
중고차를 샀는데, 전 주인이 번호판이 가려지도록 보호대를 억지로 구부려 놓았다.
고치고 싶어 카센터를 찾았지만, 쉽게 손대지 않았다.
그러다 문득 바퀴를 갈 때 쓰는 도구를 보며 깨달았다.
전문가는 정답을 아는 사람이 아니라, 새로운 길을 찾아내는 사람이라는 것을.

파도리의 작은 학교, 파도초등학교에서의 시간도 그랬다.
아이들과 함께한 교실에서는 늘 예기치 않은 장면들이 일어났다.
우유갑 하나로 시작된 울음과 포옹,
"엄마 사랑해요"라는 전화기 너머의 고백,
사라진 모종을 둘러싼 상상과 이야기,
신문지 탑을 쌓으며 배운 기다림과 순서.

그곳에서 학교는 지식을 가르치는 공간이 아니라
마음이 오가고 관계가 쌓이는 자리였다.
아이들은 묻고 쓰며 스스로 배움의 주인이 되어 갔다.

아이들에게 꿈이 뭐냐고 묻는다.
그리고 나에게도 꿈이 있다고 말하면 아이들은 되묻는다.
"선생님은 무슨 꿈이 있어요?"
나의 꿈은 하나다.
교육공동체가 함께 새로운 교육을 만들어가는 것.

파도초에서 시작된 이 꿈은
훗날 세종에서 교육의 미래를 이야기하게 한 출발점이 되었다.

1

마음을 잇는
교실 이야기[1]

이런 마음으로 시작했어요

시내버스 종점 마을, 그것도 하루에 다섯 번이나 들어올까 말까 할 정도로 깊은 시골 초등학생 시절, 마지막 겨울 방학을 앞두고 학급 문집을 만들자고 선생님이 제의했다. 당시만 해도 물론 학급 문집이란 말을 들어 본 적도 없고, 눈으로 본 적도 없었다. 선생님이 새로운 것을 하자고 하니 좋았다.

무작정 하자고 시작한 작업은 그리 간단하지 않았다. 먼저 우리는 글을 써야 했다. 정확한 기억은 아니지만 써놓았던 글도 있었고, 또 문집을 위해 부랴부랴 쓴 글도 있었다. 그리고 담임 선생님은 그 글을 모아 타자기로 쳤다. 컴퓨터가 일상화되기 전이었는데 담임 선생님은 꽤

1　2006년 전교조충남지부참실대회에서 발표한 자료를 개인 정보 보호 등을 위해 일부 수정함.

좋은 타자기를 사용했다. 타자 작업은 저녁까지 이어졌다. 덕분에 우리는 저녁에 남아 선생님 말벗이 되어야 했다.

한 달 가까이 걸려 제법 근사한 문집이 만들어졌다. 문집의 첫머리에는 담임 선생님의 시가 걸려 있었다.

청소 끝난 교실에서

-오인태-

다소곳한 침묵으로
더 큰 말을 하고 갔구나
하루에도 몇 번씩
흐트러지는 책상줄을 꾸짖으며
책상줄을 정돈함으로써
너희들의 정돈을 안심하던
나는 참으로 바보였구나
정돈되는 것은 너희들이 아니라
단지 책상들이었다는 것을
너희들이 없음으로 해서
흐트러질 것도 없이
잘 정돈된 책상줄을 보며

나는 문집을 받고 이 시를 여러 번 다시 읽었다. 그럴수록 시가 무척이나 마음에 들어 이때부터 전문가를 동경했다. 위 글처럼 문학이 아니더라도 바둑, 자동차 정비 등 전문가에게서 나는 향은 아름답다.

첫머리를 선생님의 시로 장식하고 다음 장부터는 우리의 글이 실렸다. 내가 쓴 글은 당시 우리 집 형편을 소개한 글과 우리나라의 형편을 소개한 글이었다. 우리 집 형편을 소개한 글은 몸져누운 아버지와 도와주는 이웃들, 그래서 아버지가 빨리 낫고, 나도 자라면 다른 사람을 도와줘야지 하는 내용이고, 우리나라의 형편을 소개한 글은 왜 우리나라가 갈라져 있어야 하는지에 대한 의문을 품은 내용이었다.

그렇게 활자화시킨 문집을 방학식 하는 날 몇 부씩 나누어주었다. 그렇게 방학을 했고 선생님은 연수를 떠났다.

열심히 놀던 방학 중 어느 날, 동네 이장네 집으로 오라는 연락을 받았다. 무슨 일일까 싶어서 갔더니 방안에는 마을 어른들이 병풍처럼 둘러앉아 있었다. 어른들 속에는 아버지도 있었다. 그 당시 아버지는 편찮은 상태였다. 이장댁에서 만난 그 어른들은 평소 마을에서 보던 어른의 모습이 아니었다. 시골 동네 지게를 지고, 리어카를 몰던 어른들이 아니었다. 나는 저절로, 아주 자연스럽게 무릎을 꿇고 앉았다. 무릎을 꿇고 앉아 고개를 드니 어른들의 손엔 문집이 실려 있었다.

"학교에서 이런 거 가르쳐 주더냐?"

나는 그날 무슨 말을 했는지, 어떻게 그곳을 빠져나왔는지 기억이 없다. 그리고 아버지의 어른들 속 어느 자리였는지, 또 어떤 표정을 지었는지 전혀 기억이 없다. 다만 '네가 이런 거 배우면 큰일 난다'라는 말을 들었던 기억만 난다.

통일 문제였다. 1980년대 말, 그때만 해도 그랬나 보다. 그리고 선생님은 연수에서 끌려 나왔다고 한다. 그리고 다른 학교로 강제 전보 조치가 되었다고 들었다.

못내 안타까운 것은 그때의 문집을 찾을 수가 없다는 것이다. 몇 번 찾아보려고 노력했는데 끝내 찾지 못하고 말았다. 얼마 전 그 선생님과 연락이 닿았는데 나를 소개하자 첫마디가 '아. 그때 그 필화사건!'으로 시작되었다.

나는 궁금하다. 내가 어떤 아이였는지, 어떤 표정을 하고, 어떤 생각을 하고, 또 어떤 관계 속에서 살았는지 전부가 궁금하다. 궁금한 것은 나뿐만 아니라 지금 나와 같이 지내는 아이들도 그렇지 않을까? 마음속에 켜켜이 쌓이는 것도 좋지만 기록으로 남겨두는 것 또한 멋있는 일이지 않을까?

이런 내가 교사가 되었다. 처음 발령받고 관사에 살았다. 그러면서 어디 살 집이 없나 알아보려고 벼룩시장하고 교차로를 보고 있었다.

"여기는 벼룩시장이나 교차로보다 이 곳 무한정보라는 지역신문을 훨씬 많이 봐."

그래서 그 신문을 찾아보니 일주일에 두 번 나오는데 월요일은 신문 기사가 나오고 목요일은 주로 상거래를 다루는 것이었다. 곧장 전화했다. 이번에 발령받은 교사인데 그 신문사에 교단 일기를 연재하고 싶다고 했더니 긍정적인 답과 함께 간단한 이력서를 보내달라고 했다.

그렇게 해서 시작된 '콩 세 알 이야기'라는 교단 일기가 약 2년 동안 매주 실렸다.

진짜 사나이

선생님 5학년에서 다시 만났으면 좋겠어요. 그리고 선생님 4학년 때 언제나 저와 축구를 같이 하고 언제나 친절 하셨어요. 저도 선생님처럼 나중에 커서 선생님처럼 될 거예요. 5학년 때 다시 만나길 빌게요. 안녕히 계세요.

– 《금오초 4학년 1반 류우정》

우리 반 홈페이지 게시판의 글 목록 번호가 3,000번에 가까울 정도다. 약 40명의 아이들이 각각 평균적으로 100번 가까이 글을 남긴 셈이다. 그러나 지금까지 한 번도 글을 남기지 않은 아이가 있다. 그런데 이제 학년도 끝난 지금 이 아이가 홈페이지에 들어와서 글을 남겼다. 이야기를 나누며 살갑게 대하지는 못했지만 그래도 이 아이와는 사나이의 말 없는 정(?)이 쌓여있을 것이라며 스스로 위안을 삼고 있었다. 그런데 이 아이는 학년이 끝날 무렵 이렇게 나에게 말을 건넨 것이다.

우리 반은 3층이라 창문을 내다보고 소리 지르거나 무언가를 던지고 싶은 욕망이 저절로 든다. 아이들도 그 욕망을 절제하지 못하는 경우가 종종 있다. 그날은 비가 온 다음 날이었다. 대부분의 땅바닥이 마르기는 했지만 군데군데 물이 고여 있었다. 몇몇 남자아이들이 창문을 내다보고 소리를 지르고 있었다.

"야! 빨리 숨어!"

갑자기 아이들이 빼꼼 내밀었던 얼굴을 교실 바닥에 바짝 붙였다. 낮게 엎드린 채 뭐가 좋은지 계속 키득키득 거리며 웃음을 그칠 줄 몰랐다.

그때 남자아이들이 우유를 먹다 남은 것을 창문으로 던진 것이다. 그런데 하필이면 그 우유갑이 물이 고여 있던 그곳으로 떨어졌고 마침 그때 지나가던 저학년 아이들이 그 우유 반 흙탕물 반의 물세례를 받고 말았다.

급기야 화가 난 저학년 선생님은 우유갑을 던진 아이를 찾았고, 그 아이를 수업이 끝난 후 교실로 보내달라고 했다. 여러 고민을 했지만, 잘못한 것은 분명한 사실이라 어쩔 도리가 없었다. 그래서 수업이 끝날 무렵 나는 이 아이를 불러 잘못한 점을 이야기하고 벌을 주었다. 그때는 여름이라 금방 얼굴에 땀이 송골송골 맺혔다. 내심 다른 선생님에게 혼나는 것보다 내가 혼을 내는 게 속이 편할 것 같았기 때문이다.

　그래도 안심이 되지 않아 같이 그 교실로 찾아갔다. 그러나 그 교실에는 수업이 끝나지 않았다. 곧 끝날 것 같았는데 한참 동안 기다려도 끝나지 않아 할 수 없이 그 아이만 교실로 들여보냈다.

　　“네가 잘못했으니 벌받는 것은 당연해. 들어가서 선생님께 잘못
　　　했다고 말씀드려.”

　그 아이는 우물쭈물하며 들어가지 못했다. 나는 그 아이를 억지로 들여보냈다. 들여보내고 나서도 나는 마음이 불안해서 내 교실로 돌아가지 못하고 복도에서 서성거렸다.

　잠시 후, 그 아이가 나왔다. 그 아이는 고개를 푹 숙이고 있었다. 그러다 나를 발견하고는 그만 소리를 내며 훌쩍거리는 것이었다. 좀처럼 이런 모습을 보이지 않는 아이였는데……. 나는 내가 쑥스러워 좀처럼 누군가를 껴안지 못하는데 그날은 나도 모르게 그 아이를 껴안았다. 나도 모르게 마음이 찡했고 하마터면 나도 같이 울 뻔했다. 그러나 그 다음 날, 그러니까 감동적인 포옹을 하고 난 다음 날에는 여전히 짓궂은 장난을 치고, 말을 걸어도 수줍은 듯 얼굴을 돌리며 혹은 짧게 대답만 하는 아이로 돌아와 있었다.

　그런데 그 아이의 달라진 점은 다른 곳에 있었다. 주말에 가끔 아이들과 등산하거나 낚시하러 갔는데 그때마다 빠짐없이 따라오는 것이었다. 그뿐만 아니라 등산하면서 다른 친구들을 도와주는 것이었다. 그 장난기는 여전했지만 같이 갔던 다른 아이들이 너구리(그 아이의 별명)의 그런 모습은 처음이라고 했다. 그리고 점심시간에 축구라도 하는 날에는 누구보다도 먼저 운동장에서 나와 기다리고 있었다. 축구를 같이할 친구들이 없는 날에는 그 아이와 단둘이서 공을 주고받은 적

도 있을 정도였다.

같이 있는 시간은 많았지만 그렇다고 대화의 시간이 많아진 것은 아니었다. 여전히 쑥스러운 듯 대답을 했고 먼저 말을 거는 법이 없었다. 그래서 나는 그 아이와 말 없는 사나이의 우정(?)이 쌓였다고 생각했다. 진짜 사나이는 살갑게 말하지 않아도 서로서로 상대방의 진심을 알아보는 법이라고 위안을 삼으며.

나는 지금 혼자서 히죽 웃고 있다. 그러니 진짜 사나이가 되기는 글렀다. 이 아이의 글이 나를 이렇게 기쁘게 하니 말이다.

엄마 사랑해요

수업이 끝나고 학교에 남은 아이들에게 학급 일 몇 가지를 시켜놓고 교무실에 다녀왔다. 그때 학원에 가지 못해서 엄마가 화를 낼까 봐 걱정된다며 혜원이가 전화기를 빌려달라고 했다.

"경원이야? 엄마 오셨어? 그래? 그럼, 엄마 오면 MP3 실수로 들고 왔다고 그래.(아마 엄마가 들고 다니지 말라고 했나 보다.) 그리고 학교에서 선생님 도와주다가 학원 못 갔다고 말해 줘. 참! 엄마 들어오기 전에 청소 좀 해, 특히 신발장 청소 깨끗하게 하고. 그리고 이따 저녁 먹을 때 당근 나오면 맛있게 먹어야 해. 그리고 엄마 오면 사랑한다고 전해 줘. 꼭."

전화를 엿듣고(?) 있으니 저절로 웃음이 나왔다. 큰일 났다며 전화기를 빌려달라고 하더니 전화하는 내용이 아무래도 걱정하는 모습이 아니었다. 재미있는 전화 통화를 듣다가 번득 머리에 스쳐 가는 것이 있었다.

“오늘 선생님이 신문사에 원고 보내는 날이거든. 그런데 어떤
걸 쓸지 고민 중이야.”

그랬더니 아이들이 자기 일이라도 되는 양 생각을 하는 것이었다. 잠
깐 침묵이 흘렀다.

“오. 안돼요. 선생님.”

침묵을 깨뜨리고 갑자기 혜원이가 이런 말을 하자, 다른 아이들은
영문도 모른 채 혜원이를 쳐다보았다.

“왜? 이상한 느낌이 들어?”

나는 모르는 척하며 혜원이를 바라보았다.

“선생님이 어떤 생각을 하는지 알았어요. 금방 제가 전화 통화
한 거 가지고 쓰려고 하죠? 안돼요. 우리 엄마 신문 본단 말이
에요.”

그제야 다른 아이들도 상황이 어떻게 돌아가는지 눈치를 챘다.

“걱정하지 마, 좋게 쓰면 되잖아.”

잠깐 스쳐 가는 것이라 생각을 했는데 이쯤 되자, 정말 이 얘기를 써
도 괜찮겠다는 생각이 들었다. 그래서 부랴부랴 수첩을 찾았다. 아무
래도 전화한 내용을 적어놔야만 더 실감 나게 쓸 수 있을 것 같았다.

그러자 혜원이는 정말 이 얘기를 쓸 거냐고 몇 번 물어보더니 그렇다고 하자 포기를 하는 것 같았다. 그리고 물론 좋은 이야기를 쓰겠다는 약속으로 혜원이를 안심시켜 주는 것도 잊지 않았다. 그런 의미에서 빼놓지 않고 신문을 보신다는 혜원이의 어머니께 이 글을 소개하고 싶다.

거울을 보며
빗질하다가

문득,
거울 속 빨래를 개고 있는 엄마의 모습을 보았다.

엄마의 이마에 주름살과
엄마의 서늘한 무표정이
힘들었던 지난 일을 다시 생각나게 해준다.

오늘은 엄마가 웃을 수 있도록
어깨를 꼭꼭 주물러 드려야겠다.
　　　　　　　　　　　　　　－제목:《엄마》금오초 6학년 4반 장혜원

이 글은 가족이라는 주제를 두고 혜원이가 쓴 시이다. 멋을 내려고 거울 앞에서 머리를 빗고 있는데 그 거울 속에 멋을 내는 자기의 모습과 그런 자기 모습 뒤로 별다른 표정 없이 빨래를 개는 엄마의 모습이 보인다. 엄마의 무표정한 얼굴이 삶의 무게라고 여기는 혜원이의 모습이 대견스럽기도 하고 그런 생각을 하는 것이 괜히 마음을 찌릿하게 하기도 한다. 가끔은 들고 가지 말라는 MP3를 들고 가기도 하고 학원도 빼먹지만 이렇게 자신의 삶을 애틋하게 봐주는 자식을 두었다는 건 분명 행복한 일임이 틀림없다.

참! 마지막으로 혜원이가 이 말을 전해달라고 신신당부를 했다.

"엄마, 사랑해요. 앞으로는 학원 빼먹지 않는 착한 딸이 될게
요. 그리고 조개와 당근도 잘 먹겠습니다."

동화 쓰는 아이들

학교 건물 뒤편에 쓰레기장이 있고 또 그 옆으로 창고, 두 마리의 토끼가 사는 사육장, 그리고 다섯 마리의 닭이 사는 양계장, 그리고 조그만 양어장이 있다. 그리고 양계장과 양어장 사이에 흙으로 된 한 평 남짓한 빈 공간이 있다.

어느 날 그곳으로 가 보았더니 그 빈터에 학습 도움실(특수반) 선생님이 땅을 일구어 밭을 만들더니 얼마 지나지 않아 그곳에 가지, 토마토, 치커리, 고추 등 어린 모종들을 심어놓고 팻말을 세워놓았다. 아마 아이들과 같이 심은 듯했다. 그리고 일구어 놓은 밭 주변으로 울타리도 근사하게 쳐 놓아 누가 보아도 반듯한 체험 학습장이었다.

그렇게 잘 가꾸어 놓은 그곳에 심어놓았던 어린 모종이 없어지는 사건이 일어났다. 무슨 식물이었는지 정확지는 않지만, 흔한 식물의 이름은 아니었다. 여러 추측이 난무했다. 그중에서도 가장 설득력이 있는 것은 아이들의 소행이라는 것과 학교에 이른 아침이나 어두컴컴한 저녁에 운동하러 온 사람들이 흔치 않은 식물을 보고 집으로 가져갔으리라는 것이었다.

마구 파헤쳐 놓은 것이 아니라 한 가지 식물들만 쏙 파내 간 것을 보면 아무래도 아이들보다는 어른들의 소행일 가능성이 높았다. 그렇

지만 어디에도 그 증거는 없었다. 목격자도 없어, 그냥 소문만 무성할 뿐 그 사건은 파낸 그곳에 어린 모종을 다시 심는 것으로 마무리가 되었다.

참 이기적이게도 나는 그 사건을 보면서 딴마음을 품고 있었다. 그 사건을 이야기로 만들면 근사한 한편의 글이 될 수 있겠다 싶었다. 그래서 카메라를 들고 그곳으로 가서 양계장과 토끼 사육장, 그리고 어린 모종들을 하나하나 카메라에 담았다. 카메라에 담고 집으로 돌아와 사진들을 찬찬히 보며 이야기를 구성했다.

그 사건의 처음과 시작을 빠짐없이 지켜본 닭이 주인공이었다. 구석진 곳이라 아무도 관심이 없지만 닭에게는 삶의 터전이기 때문에 그곳에서 은밀히 일어나는 사건들을 모두 알 수 있기 때문이었다. 그래서 어느 날 이른 아침 운동을 하던 어른이 우연히 심어놓은 식물을 보고 저녁때 남몰래 캐 가는 모습, 없어진 식물을 보고 당황하는 아이들과 선생님, 또 그것을 지켜보고 이야기를 나누는 토끼와 닭, 임신한 토끼 등 하나하나 이야기를 맞추어 가기 시작했다.

얼추 얼거리를 짰을 때 수업 시간에 그 사건에 관해 이야기했다. 그러자 몇몇 아이들이 그 사건에 관심을 갖기도 하고, 또 동화를 쓸 거라고 했더니 아이들도 한번 써 보겠다는 것이었다. 그래서 이번 기회에 같은 사건을 두고 아이들과 같이 동화를 써 보는 것도 괜찮다는 생각이 들었다.

아름다운 밭(안채원), 닭은 알고 있다.(김소미), 초록 닭장의 추억(백소정), 한 학교의 동물들 (장아람), 응가가 임신을 했다고?(장혜원), 초록철장 속 추억(박정현), 노을(이동희)

아이들이 쓴 이야기의 제목들이다. 근사하다. 매주 내가 엮은 얼거리를 이야기해 주면, 그 상황을 각자 이야기식으로 써 나가는 것이다. 그래서 지금은 제법 많은 양을 쓴 아이들도 있다.

문예부를 담당하다 보니 글짓기 대회를 많이 하게 된다. 그러나 글짓기 대회 대부분은 어떤 단체의 특정 목적을 지니고 있어 아이들의 다양한 생각들을 들추어내기에는 어려움이 있다. 그런데 아무런 물질적 보상도 없는 글쓰기에 관심을 갖는 아이들을 보면 여간 즐거운 게 아니다. 또 글쓰기가 어떤 다른 목적을 가진 것이 아니라 자기 생각이나 상상력을 자유롭게 내 보일 수 있게 되었으면 하는 바램도 가져본다.

아이들과 함께 하는 여행

일년에 한번, 혹은 두 번은 꼭 아이들과 당일 코스가 아닌 1박 혹은 더 이상 여행을 하기로 했다. 가르치고 배우는 일에 과정이 있고, 추억이 있으면 좋겠다고 생각했다.

살아가면서 필요한 것은 교과서에 있는 것만이 아니다. 오히려 교과서에 있는 내용들은 그야말로 '교과서 같은 내용'들만 있어서 지식 자체로의 의미만 있는 것들도 많다. 우리가 정말 필요한 것은 앞으로 평생을 같이 살아야 하는 사람들 속에서 나의 발견과, 나를 둘러싼 자연이 아닐까 생각한다.

-오두막집 여행을 계획하며-

"모둠별로 신문지 20장씩이니까, 너희들이 아이디어를 짜서 최대한 높이 쌓아봐. 가장 높이 싼 모둠이 이기는 거야, 사용할 수 있는 것은 풀과 가위야, 지금부터 시작!"

어떤 모둠은 신문지로 모자를 만들어 포개면서 쌓았다. 그것을 보면서 저렇게 쌓아봤자 높이가 얼마나 될까 하는 의심이 들었다. 이에 반해 어떤 모둠은 신문지를 둘둘 말아 세운 다음 고정시킬 받침대를 만드느라 고심 중이었다. 받침대만 든든하면 꽤 높은 탑이 완성될 것 같았다. 그렇지만 받침대도 신문지이기 때문에 쉽사리 고정되지 않았다.

주어진 시간이 다 되었을 때 재미있는 결과가 나타났다. 신문지로 모자를 만들어 차곡차곡 쌓은 팀은 마지막에 신문지를 돌돌 말아 모자 한가운데를 뚫어 세웠다. 그러니까 모자가 든든한 받침대가 된 것이었다. 그리고 처음에 종이를 돌돌 말고 받침대를 만든 모둠은 끝끝내 든든한 받침대를 만들지 못해 그만 쓰러지고 말았다.

모자를 하나하나 포개는 것을 보면서 저렇게 만드는 것이 헛수고가 되지 않을까 싶었는데 그것이 결국 훌륭한 받침대가 되어 욕심이 앞서 받침대를 만들지 못한 모둠을 이겨버린 것이었다. 다시 한번 차근차근 서두르지 않고 순서를 밟아 가는 것이 얼마나 중요한 일인가를 생각해 보게 되었다.

이렇게 신문지로 탑 쌓기를 하고 나니 방안이 난장판이 되었다. 구석구석 찢어진 신문지 조각이 나 뒹굴었다. 그래서 다음 게임은 방바닥에 어질러진 신문에 있는 글자를 이용해 문장을 맞추는 게임을 했다.

처음에 제시된 문장은 '금오초등학교 4학년 1반 콩 세 알'이었다. 그러니까 신문지에서 이 문장에 해당하는 글자를 찾아 문장을 맞추는 것이었다. 문장이 제시되자마자 누구랄 것도 없이 모든 아이가 글자 찾기에 여념이 없었다. 생각보다 오래 걸리지 않고 금방금방 찾아내었다.

마지막에 제시된 문장이 '선생님 이제 착한 어린이가 되겠습니다'였다. 이 문장이 제시되자마자 진풍경이 연출되었다. 주문 외우듯이 입속에서 연신 '선생님 이제 착한 어린이가 되겠습니다'라고 중얼거렸다. 평소에 나와 거의 대등한 위치에서 생활하는 아이들이 시키지도 않았는데 착한 어린이가 되겠다고 중얼거리니 신기한 노릇이었다. 내심 기분이 좋았다.

그사이 다른 모둠에서 거의 다 맞추었다는 소리가 들렸다. '이제'에서 '제'자만 찾으면 된다고 하더니 금방 다 찾았다며 나를 불렀다. 하얀 종이 위에 깔아놓은 종이를 조심스럽게 보여 주더니 갑자기.

"야. 선생이 없어졌어! 빨리 선생 찾아봐!"

갑자기 수진이가 소리를 지르는 것이었다.
너희들 선생님은 난데…. 내가 여기 있는데 없어졌다니? 무슨 일인가 싶어 보았더니 제시된 낱말 중에서 '선생'이란 글자가 바람에 날아간 것이었다.
이 게임이 끝나고 신문지로 눈싸움할 예정이었으나 옆에서 구경하고 계시던 부모님들이 놀랄까 봐 신문지 게임은 여기에 끝을 맺었다.

-여름방학 공주 산림박물관 숲속의 집에서-

더 나이가 들어도

"시상에(세상에) 이렇게 더운 날은 첨이네!"

우리 집에서 나와 왼쪽으로 돌면 바로 보이는 식당 앞에 앉아 계시던 할머니가 혼자 중얼거렸다. 햇볕이 강하게 내리쬐는 것 같지는 않는데 세상이 꼭 큰 찜통 같다.
할머니의 말을 다시 곱씹다가 의문이 하나 생겼다. 적어도 환갑은 지나 보이는 할머니이다. 그렇다면 적어도 사계절이 바뀌는 것을 육십 번 이상은 겪으면서 살아왔을 터이다. 그렇다면 지금보다 더 더운 날씨도 수없이 견뎌왔을 것이다. 그런데 새삼 날씨가 더운 것을 탓하다니. 괜히 해 보는 말일까? 아니면 실제 그렇게 느끼는 것일까?

방학을 하자마자 아이들이랑 야영을 다녀왔다. 관광버스를 빌려 가면 한 시간 반이면 될 것을 일부러 대중교통을 이용했다. 중간에 한 번 갈아타는 데 걸리는 시간까지 더하면 세 시간도 더 걸렸다. 아이들도 많은 데다 짐까지 있어 버스를 타고 내리려고 하면 순식간에 난리통이 되었다.

야영 장소인 태안 파도리에 도착하자마자 짐을 풀고 정해놓은 조별로 방을 정했다. 근사한 펜션 정도를 기대했던 아이들은 시골집 분위기 나는 민박이라 실망하는 것 같았다.

파도리는 많이 알려지지 않은 곳이라 고만고만한 집이 대부분이었다. 그렇지만 민박집에 대한 불만은 바다로 나가보자는 말과 동시에 사라졌다.

바다가 민박집에서 일이백 미터밖에 떨어져 있지 않았고, 민박집에서 몇 발짝만 움직여도 수평선이 보여 평소 바다를 잘 볼 수 없는 아이들에게 그 자체만으로도 충분한 볼거리였다.

바람을 쐴 겸 해서 바다로 뛰어나갔지만, 아이들은 푸르고 맑은 바다를 보자 하나둘 바다로 뛰어들기 시작했다.

그리 큰 해변은 아니었지만, 아직 휴가철이 되기 전이라 그런지, 아니면 잘 알려지지 않아서인지 사람도 별로 없고, 바닷물도 맑고 주위도 깨끗한 편이었다. 그런데 날씨가 끄물끄물해서 어둠이 빨리 몰려왔다. 그래서 서둘러 민박집으로 돌아왔다.

그러자 다시 한번 난리가 났다. 씻을 곳이 두세 군데밖에 없었기 때문이다. 아이들은 많은 사람들과 같이 바닷가에 온 적이 없어서 씻는 문제가 생기리라고는 생각지 못했을 것이다.

모든 아이가 다 씻는 데는 시간이 한참 걸렸다. 그리고 씻는 대로 바로 저녁을 해 먹었다. 같이 밥 먹는 조를 남자는 남자끼리, 여자는 여자끼리 짰다. 그렇게 짜면서 혹시 남자애들이 밥도 못 해 먹고 그러는 것은 아닌지 걱정했는데 내 예상은 보기 좋게 빗나갔다. 남자애들은 제 몸집만 한 아이스박스에, 또 이것저것을 가득 가져와서 포식하고 있는데 이에 반해 여자애들은 저마다 조금씩 들고 와서 밥 먹는 문제로 실랑이를 벌이는 곳도 있었다. 아마 가고 올 때 큰 짐을 들고 오는 게 힘들까 봐 가볍게 짐을 챙긴다고 그랬나 보다.

밤새도록 모기와의 전쟁, 집이 아닌 밖에서 지내는 친구들끼리의 이야기로 밤은 그렇게 흘러갔다.

나도 처음에 출발할 때 걱정했던 것들이 조금씩 사그라지면서 긴장이 조금 풀리기 시작했다.

다음 날 오전에는 해수욕을 즐기고 짐을 싸 태안으로 나왔다. 이미 점심시간을 훌쩍 지나버린 뒤였다. 점심은 버스 터미널에서 10분 정도 걸리는 곳이었다. 다행히 가는 길은 한산한 도로였다.

30명이 넘는 아이들이 일렬로 서서 어깨에, 양손에 무거운 짐을 지고 걷고 있노라니 마치 따가운 햇볕 아래 국토 대장정 같은 행군을 하는 것 같았다.

예정 시간을 훌쩍 넘기고 다시 예산으로 향하는 버스를 탔다. 아이들은 버스에 오르자마자 누가 먼저랄 것도 없이 곯아 떨어졌다. 나도 잠을 청할까 하고 고개를 젖혔을 때 내 옆에 타고 아이가 그런다.

"선생님, 나중에 나이가 더 들면 이런 거 안 할 거죠?"

아무런 대꾸도 하지 않고 그냥 자는 척을 했다. 그렇지만 아이의 말이 자꾸만 내 머릿속에서 맴돌았다.

혹자는 교사는 매년 똑같은 일을 되풀이한다고 생각할지도 모르겠다. 그래서 나이가 들면, 십수 년을 가르치다 보면 나태해진다고 생각하는 사람도 있는 것 같다.

집 앞 식당 앞에서 덥다며 중얼거리던 할머니처럼 사계절을 수십 번을 경험해도 똑같은 날은 없다. 덥다며 중얼거리는 할머니에게서는 삶에 대한 새로움이 느껴진다.

나 역시도 그렇게 살고 싶다. 그래서 나중에도, 이 마음이 변치 않도록.

나는 복이 많은 사람이다. 야영에 도움을 주신 학부모, 같이 갔던 체육 선생님, 태안에 사는 후배, 그리고 즐겁게 지내고 온 아이들이 너무나 고맙다.

−여름방학 파도리 해수욕장에서−

새로운 꿈을 꾸다

전문가가 되고 싶다고 생각을 한다. 중고차를 샀는데, 전 주인이 속도 카메라로부터 피하고자 차 앞 쇠로 된 보호대를 억지로 움직여 보호대가 번호판을 가리게 만들어놓은 것이다. 굳이 그러고 싶지 않아 펴려고 했더니 쉽지 않았다.

주위 사람들에게 물어봤더니 보호대를 아예 없애라, 혹은 잘라 붙여라 등등 여러 가지 의견을 내주었다. 불법이란 사실을 알고 급기야 카센터에 갔는데 내 차를 이리 보고 저리 보고 하더니 내 차를 고칠 생각을 하지 않고 다른 차만 고쳤다. 그러더니 한참 후, 차바퀴 갈 때 쓰는 도구를 보는 순간 머리에 번뜩 지나치는 게 있었다.

전문가! 전문가는 그 분야에 대해 새로움을 개척할 줄 아는 사람이다. 꿈이 있습니다. 아이들에게 꿈이 뭐냐고 물어보고, 선생님도 꿈이 있다고 하면 아이들은 그럽니다. '선생님은 무슨 꿈이 있냐고'

나의 꿈은 교육공동체가 함께 새로운 교육을 만들어가는 꿈!

2

교실은 희망을
짓는 해안가[2]

삼면이 바다인 조그마한 시골, 파도리 파도초등학교

푸른 초원에 군데군데 젖소가 풀을 뜯고 있고, 그 주변에는 송아지 한 마리가 폴짝거리며, 목장 주인은 걱정 없이 큰 나무 밑의 그늘에서 한가로이 쉬고 있는 모습을 떠올린 것은 스무 살쯤 목장을 한다던, 꼭 소를 닮은 친구를 만나면서였다.

"너희 집에 한번 가 보자."

기어이 건수를 만들어 친구 녀석의 집을 찾았다. 그러나 친구가 사

---

2 2007년 12월 태안 기름 유출 사고가 났고, 당시 근무하던 곳도 큰 피해를 입었다. 이 글은 기름유출 200일 맞이 CBS에서 실시한 수기 공모 수상글을 일부 편집한 글이다.

는 동네에 들어서자마자 나는 코를 막아야 했다. 목장에서 흘러 내려오는 오물 때문에 온 동네가 다 지저분해 보였다. 때마침 푹푹 찌는 여름이라 더욱 심했다.

그랬던 것 같다. 새로움에 대한 기대가 실망으로 바뀌는 것에 두려움을 가지게 되었다. 이상과 현실, 늘 이상을 꿈꾸었지만, 여지없이 현실 앞에서 무너지고 말았다. 현실과 이상은 다르며, 더욱 나를 불행하게 하는 것은 현실이 언제나 더 비참하다는 것이다.

그러나 이곳에서 다시 한 번 이상을 꿈꾸어본다. 또 한 번 현실 앞에서 무너지지 않을까 하는 두려움도 있지만, 다시 아름다운 현실을 찾는 희망을 품어보았다. 그리고 그 희망은 삼면이 바다인 우리나라, 또 다시 삼면이 바다인 태안, 다시 한 번 더 삼면이 바다인 조그마한 시골, 파도리 파도초등학교에 있지 않을까 기대를 해본다.

선생님 꿈은 마도로스

"선생님! 선생님은 배 탈 줄 아세요?"

아빠가 배를 타고 나가 고기도 잡고, 미역과 전복 양식을 하는 송이가 물어보았다.

"그럼, 선생님 어릴 때 꿈이 마도로스야."

일부러 송이가 모를 만한 '마도로스'라는 말을 넣어가며 말했다. 아무래도 송이는 배를 타는 아빠 때문에 배에 관한 자존심이 있을 거란 생각에 기싸움을 걸어보았던 것이다.

“근데 마…, 그게 뭐예요?”
“아빠가 배를 타신다면서 딸이 그것도 몰라?”

일부러 약을 올렸다.

“근데 선생님, 배는 타보셨어요?”

유람선을 타본 기억밖에는 없다.

“타보진 않았지만, 뭐 그까짓 것 잘 탈 자신은 있어.”

대수로운 일이 아니라는 듯이 말하자, 송이의 얼굴에는 웃음기가 찾아든다.

“헤헤. 선생님 그럴 줄 알았어요. 우리 할머니가 그러는데요. 선생님같이 말하는 사람이 배를 타면요. 처음에 탈 때는 뚱뚱하지만, 나올 때는 홀쭉해서 나온데요.”

아마 배를 처음 타는 사람이 흔히 하는 뱃멀미를 견디지 못한다는 뜻일 것이다. 더군다나 자연 앞에서 큰소리치는 놈은 자연 앞에서 큰 코다친다는 순리가 숨어있는 말이기도 하다.

시골 바닷가, 양복 입은 선생님

전교생이 큰 학교의 한 반도 채 되지 못하는 이곳에 왔을 때의 느낌은 지금도 생생하다. 3월 2일 학교에 차를 몰고 들어가는데 처음 보는 아이들이 인사를 했다. 속으로 '아이들이 착하다.'라는 생각을 하며 교실로 들어섰다. 늘 아이들로 빽빽하게 들어찬 교실을 보다가 8명의 아이가 모여 앉은 모습과, 창문 너머 저 멀리 보이는 나지막한 산들, 그리고 학교 뒤 언덕을 넘으면 바로 보이는 바다는 가족과 헤어지면서까지 시골 바닷가를 희망했던 나를 충분히 매료시킬 만했다.

교실을 배정받고 처음 만난 아이들과 인사를 하고 교실 정리를 간단히 했다. 지금은 당연히 그렇다고 생각하지만, 교실 2명, 과학실 1명, 복도 1명, 교무실 1명, 화장실 남녀 각 1명씩, 유치원 1명으로 여덟 명이 학교 구석구석을 다 청소하는 것이었다. 특히나 화장실 청소를 하는데 손걸레로 변기나 바닥을 열심히 닦아내는 모습은 인상적이었다. 큰 학교에선 여덟 명이 교실 청소를 하는 데 비해 그야말로 놀라운 노동력인 셈이다. 더군다나 요즘 아이들은 조금만 지저분해도 손을 대지 않으려고 하는데, 스스럼없이 묵묵히 해내고 있다니 말이다. 교실 정리를 하고 끝날 무렵에 아이들을 모았다.

"애들아, 근데 아까 학교 오는데 내가 선생님인 줄 어떻게 알았니?"

궁금함을 참지 못하고 아이들에게 물어보았다.

"그 시간에 양복 입고 오는 사람은 선생님밖에 없어요."

파도리 해수욕장, 해산물 잡기

지금도 정확한 명칭을 모르지만 여기 말로 '해라지' 혹은 '해리지'라는 것이 있다. 쉽게 말하면 물이 빠지는 시각, 특히 여름 저녁에 물이 많이 빠지면 사람들이 후레쉬를 들고 바다로 나와 해산물을 잡는 것이다. 특히 파도리 해수욕장에는 박하지라고 불리는 조그만 게, 그리고 해삼, 주꾸미가 잘 잡힌다. 어둠이 짙어질 때 바닷가에 가면 여기저기 불빛으로 멋진 야경을 연출한다. 암석이 미끄럽고 바닷물이 차가워 조금 고생스럽기는 하지만, 이곳 사람들은 제법 많은 양의 해산물을 잡곤 한다. 물론 이곳 사람들의 나름 첨단 장비와 오랫동안 쌓인 노하우 덕분일 것이다.

바다에 나가 해삼이든 박하지든 뭔가를 잡고 싶어 나보다 반년 먼저 파도초로 오신 교감 선생님께 여쭤보았다.

　　"교감 선생님, 근데 해삼은 어떻게 잡아요? 보니까 어제 기훈이
　　네 아빠는 9Kg이나 잡았다고 하던데요."

　　"유 선생도 한번 잡아보게? 후레쉬 들고 나가봐, 후레쉬를 물
　　위로 살살 비춰보면 해삼이 둥둥 떠다녀. 잡는 거 어렵지 않
　　아."

속으로 해삼 잡는 것이 별거 아니구나 싶었다. 그렇게 쉽게 잡는 해삼이 비싼 바다의 인삼이라니. 이름에 어울리지 않는다는 생각도 했다.

바다 근처 학교로 옮긴 이후, 종종 대학교 친구들로부터 놀러 오겠다는 제의를 받는다. 그러나 주말부부라 대부분 주말에는 집으로 가니 만나기가 힘들었다. 제의를 거절한 미안함을 조금 덜어내려고 마음먹고 친구들을 초대해 '바다에서 해삼 잡기' 프로그램을 마련했다. 물론 물때(밀물과 썰물시간)까지 치밀하게 계산하였다.

그리고 사람 수에 맞춰 후레쉬도 사고, 해삼을 담을 큰 통도 준비했다.

“진짜 해삼 잡는 거야?”

친구들은 신기한 지 기대감을 감추지 못했다.

“그럼, 내가 해삼 잡는 법도 알아뒀어. 걱정하지 마, 오늘은 해
삼에 소주 한잔하는 거야.”

벌써 빈 통에 해삼이 가득 차 있는 것 같은 느낌이었다. 저녁을 간단
히 먹고, 어둠이 내리기를 기다렸다가 우리는 후레쉬로 어둠을 밝히며
바다로 들어갔다.

“잘 봐, 내가 후레쉬를 들고 물 위를 비출 테니까 해삼이 떠다니
는지 잘 봐.”

물 위로 후레쉬를 비추자, 뿌옇게 빛이 반사되어 잘 보이지 않았다.

“근데, 해삼이 떠다니는 거 맞아?”

친구들은 못 믿겠다는 눈치였다.

“우리 교감 선생님이 그러셨어. 우리 교감 선생님은 이런 잘 아신
단 말이야.”

교감 선생님까지 팔아먹고서야 친구들의 입을 막을 수 있었다. 그러
나 아무리 돌아다녀도 해삼을 잡을 수가 없었다. 그래서 멀리 떨어져
서 뭔가를 잡은 어르신에게 다가갔다.

"저기요, 해삼 어떻게 잡아야 해요?"
"해삼이유? 물이 거의 빠진 돌 틈새에 불을 비춰봐유. 그럼 해
　삼이 보일거유."
찐한 사투리를 써 가며 비법을 알려주고 자리를 떴다.

"뭐? 해삼이 떠다닌다고? 물 위를 떠다녀? 어쩐지 이상한다 싶
　었어. 으이구."

그날 한 시간 가까이 공치고, 다행히 친구들이 겨우 잡은 해삼 몇 마
리를 안주 삼아 맥주를 마셨다.

돼지고기와 운동회

"올해는 상범이 아베가 돼지 잡았슈."

운동회를 하루 앞두고, 체육 창고에서 준비물을 점검하고 있는데 한
학부모가 고기를 들고 오고, 이어 마을 어른들이 삼삼오오 모여들었다.
그러더니 운동장 한편에 다 사용한 큰 기름통에 석쇠를 얹고 고기를
굽기 시작했다. 고기 냄새가 온 동네에 떠다니는 것 같았다.

"선생님, 이루 와서 고기 한 젓갈 해유. 이런 고기는 아무데서나
　먹는 그런 고기가 아녀."

한참 배가 고팠던 참이라 나도 끼어들어 고기를 구워 먹었다. 소주가
돌고 돌았다.

“내일 운동회 하려면 술 더 못 마셔요.”

정말 내일 운동회가 걱정되었다. 처음으로 체육 업무를 담당해서 부담감은 컸다.

“아이고, 선생님도, 오늘 술을 잘 먹어야 운동회를 잘하지요. 오늘 술 어영부영 해봐요. 내일 운동회 잘하나.”

강권을 이기지 못하고, 주는 대로 술을 받아먹었다.

아침에 눈꺼풀이 무거워 눈을 뜰 수가 없었다. 그리고 술 때문에 얼굴은 붓고, 머리는 아프고 정말 최악이었다. 겨우 정신을 차리고 밖에 나갔더니, 어제 같이 먹었던 학부모 중 몇몇은 운동장에서 부지런히 자리와 음식을 준비하고 있었다.

“선생님 눈 보니까. 오늘 운동회 제대로 될라나 모르겠네요.”

하루 종일 하늘을 둥둥 떠다니는 기분으로 운동회를 진행했다. 운동회는 마을의 가장 큰 잔치로 어른신들의 오랜만의 나들이도 되고, 마을 청년들의 경연장이 되기도 한다. 학생 수가 적어 대부분 학부모와 같이 하는 게임이 대부분이다. 그래서 학부모 대부분은 하루 종일 운동장을 돈다. 물론 아이들도 하루 종일 운동장을 돈다. 모두 하루 종일 돌고 돈다.

모든 경기를 끝내고, 사용했던 준비물을 챙겨 어느 정도 마무리가 되었다. 운동회를 준비했던 교사들은 서로 수고했다며 인사를 건네고 앉아 음료수나 차를 마시며 한숨을 돌린다.

그러면 저 멀리 따로 물건을 정리하던 학부모 팀에서 들려오는 외침이 있다.

"마무리로 배구 한 게임 해야지요!"

우리는 다시 배구 네트에서 운동회에서 빠질 수 없는 마무리 배구로
운동회를 마친다.

기름유출과 추억이 된 바지락 작업

"아, 안녕하십니까. 파도리 어촌계장 ○○○입니다. 물이 빠지는
9시부터 바지락을 캐도록 할 것이니 늦지 않도록 하시고, 오늘
은 호당 50킬로그램씩 하도록 하겠습니다."

이른 아침이면 확성기에서 신나는 유행가가 한참 흘러나오고 잠시
후에 어촌계장의 바지락 작업에 대한 안내가 나온다.

관사에 살았던 나는 학교라는 울타리가 있어 완전 마을 사람도 아니
고, 그렇다고 퇴근 후에 학교에 매여 있는 몸도 아니니 그 경계에 있는
사람이었다. 그래서 어떤 때는 이곳 사람처럼 생각되기도 하고 어떤 때
는 외지인처럼 느껴지기도 했다.

그러나 이른 아침 신나는 유행가와 함께 들려오는 방송 소리가 낯설지
않을 만큼 되니 나도 이곳 사람이 되어가는구나 하는 생각이 들었다.

만 2년이 되니 이곳 파도리 마을에서 흘러 다니는 소문을 조금씩 들
을 수 있었다. 작년 가을 한참 꽃게가 잘 잡혀 바지락을 캐러 가는 대
신 꽃게 작업을 나가는 것이 훨씬 낫다는 이야기를 들었다. 또 한쪽에
서는 며칠만 더 가면 단단히 한몫 챙길 수 있다는 소리도 들렸다. 자연

재해가 거의 없는 지역, 겨울바람이 조금 매섭기는 하지만 해양성 기후라 겨울은 따뜻하고, 여름은 선풍기 없이도 지낼 만큼 시원한 곳, 파내도 파내도 줄지 않는 바지락 양식장, 점점 시장을 넓혀가고 있는 전복과 굴 양식장으로 이곳 파도리는 열심히 노력만 한다면 남부럽지 않게 살 수 있었던 그런 복 받은 곳이었다.

작년(2007년) 12월 7일이었다. 바람이 조금 매서운 날이었는데, 군 육상대회가 있어 아이들을 데리고 나가려고 점심을 서두르고 있었다. 그런데 복도에서 마주친 선생님이 고개를 갸우뚱하시는 것이었다.

"선생님, 혹시 기름 냄새나는 것 같지 않아요?"

나는 점심을 막 먹고 난 후라 기름 냄새를 맡지 못했다. 대수롭지 않게 생각했던 그 일이 이곳 파도리를 송두리째 흔드는 그런 일인 줄은 꿈에도 몰랐다.

방송에서는 사상 최악의 재앙이라고 떠들어댔다. 바람을 타고 날아오는 기름 냄새, 어디서 왔나 싶을 정도로 많이 밀려드는 기름, 그리고 주차 시설이 부족하여 운동장으로 밀려드는 자원봉사 차들……

아름다운 돌, 해옥으로 유명한 파도리 해수욕장이 온통 기름 범벅이 되었다. 기름유출 사고가 난 한참 후에도 파도리 바닷가는 기름이 가시질 않았다. 학교 아이들과 같이 생강차를 끓여 봉사자들에게 들고 가곤 했는데 모래 위를 걸으면 금세 신발이 기름때로 얼룩졌다. 기름이 물때에 따라 밀려들어 그렇다고 했다.

더 이상 어촌계장의 바지락 방송도 없었다. 유행가도 없었다. 대신 그 자리를 방제 작업 안내가 메웠다. 바지락을 캐러 가던 마을 사람들이 전부 잿빛이나 혹은 흰색 방제복을 입고 바다로 나갔다. 기름 유출 사고 여파가 몇십 년을 간다는 소문이 떠돌았다. 비관하는 사람들의 불행한 소식도 들려왔다.

내가 지난 2년간 보아온 파도리의 모습이 아니었다. 경운기를 끌고 바지락을 캐러 다니는 모습이나, 어젯밤에 할머니가 굴 깐다고 잠 못 잤다고 투덜대는 아이들의 모습은 더 이상 없었다.

마을에서는 연일 대책 회의가 열리는 것 같았다. 어떤 경우는 이해 관계로 인해 마을 사람들끼리 다투었다는 소식도 들려왔다.

할머니가 걱정이 많아졌다. 성격도 예민해지시고 요즘 들어서 화도 많이 내신다. 예전보다 성질도 급해지고 예민하게 바뀠다.
-파도초 4학년 명수정-

특히 바지락 양식장에만 의존하던 집은 더욱더 어려움에 처해있는 것 같았다. 할머니와 같이 사는 수정이네도 그러한 집 중에 하나이다.

절망의 파도를 넘어, 희망의 시작

"어젯밤에 우리 할머니 바지락 깠어!"

아침에 교실에서 아이들이 하는 말을 들었다.

"우리 할머니는 바지락 못 깠는데……."

며칠 전부터 마을 사람들이 바지락을 캔다는 이야기를 들었다. 시작이라 물량이 적지만 이제 다시 시작이 되었으니 다행이다. 그리고 학교 너머 횟집도 문을 열 계획이라고 한다. 다시 시작한다는 소식이 여기저기에서 들려왔다. 반년 가까이 문을 닫았던 바다가 열리는 것 같았다. 다시 희망을 품어본다.

그래서 지금까지 잠시 잃어버렸던 것들을 다시 찾았으면 좋겠다. '별 거 아니에유' 거부할 수 없는 웃음을 던지며 작년 말 꽂게 풍년이라며 한 바구니 짊어지고 와서 학교에 풀어놓은 학부모의 모습을, 통개항으로 가려면 산처럼 쌓인 바지락 껍데기 때문에 코를 막고 지나쳐야 하는 언덕배기를, 바다로 배를 타고 나가면 가슴이 탁 트인다는 어느 학부모의 모습을, 우리 할머니가 어제 굴까는 바람에 숙제 못 했다고 능청 떠는 아이의 모습도. 그리고 아침이면 어김없이 흘러나와 잠을 깨우던 신나는 유행가와 어촌계장님의 귀에 익은 목소리까지도.

함께 오여

새로운 미래를
준비하는 세종교육

미래 교육은 새로운 제도를 만드는 일보다
학교 안에서 어떻게 결정하고, 어떻게 함께 책임지는가에서 시작된다.

세종의 학교들은 학교 운영의 주체를 다시 묻기 시작했다.
소담초에서는 학년 중심 운영과 협의체 구조를 통해
권한을 나누고 과정을 공유하는 학교 문화를 만들어갔다.
업무지원팀과 학급 운영은 씨줄과 날줄처럼 엮였고,
결정은 교실까지 이어지도록 설계되었다.

이 변화는 학교 안에 머물지 않았다.
학부모회와 아버지회의 활동은 학교 담을 넘어
마을과 연결되는 교육의 가능성을 보여주었다.
학교는 점점 공동체의 장이 되어갔다.

교육청에서 정책을 고민했던 시간과
다시 현장으로 돌아오기로 한 결심 역시
같은 질문에서 비롯되었다.
정책은 책상 위가 아니라
학교 현장에서 완성되어야 한다는 믿음이었다.

이러한 경험과 선택의 축적은
세종시 공모를 통해 해밀초 초대 교장이 되는 과정으로 이어졌다.
이 장은 세종에서 시작된 교육 실험이
한 학교의 비전으로 구체화되는 이야기다.

학교의 주인을
고민하다

우리 학교의 주인은 누구인가. 학교의 역할, 구성, 조직 체계를 잘 모르는 사람들은 이것이 무슨 말인가 하고 의아해할 수 있다. 오래된 질문이지만 여전히 대답하기 쉽지 않고, 답은 여전히 과녁을 겨냥하고 있지 못한다.

주인이 누구인가는 누가 결정하는가를 보면 알 수 있다. 물론 어떤 사안에 관한 결정인가도 중요하다. 교장 선생님? 교사? 학생? 학부모? 혹은 모두 다? 지금까지의 경험으로 찾아보자면 다 틀렸다. 중요한 결정은 전부 '위'에서 한다.

이것은 신기하게도 각각의 단위에서도 똑같다. 교육부에서는 교육부의 '위'에 있는 사람들이, 교육청에서도 교육청의 '위'에 있는 사람들이, 학교에서도 마찬가지로 '위'에 있는 사람들이 한다.

결정도 위에서 하고 책임도 위에서 진다고? 하나는 맞고 하나는 틀렸다. 경험상 위에서 책임을 지는 것을 본 기억이 없다. 책임을 진다는 핑계를 대며 수많은 지시를 했을 뿐이다. 인정하고 싶지 않은 많은 학교의 모습이다.

앞으로 얘기할 소담초 이야기는 나 혼자만의 의견이 아니라 우리 학교 구성원들이 같이 이야기하며 만든 것임을 밝혀둔다. 어떠한 체계를 갖추고 제도를 만드는 것보다 구성원의 합의와 그 과정에서 나오는 의견이 중요하기 때문이다.

소담초의 경우 학년(급) 운영은 학년에 맡겨져 있다. 학년다모임을 통해 논의하고 기획회의 및 전체 다모임을 통해 공유된다. 이에 따라 학년협의회의 의사결정 권한이 커지고 학년부장의 역할도 중요해진다. 즉 학년협의체가 얼마나 잘 운영되는지, 혹은 학년부장에 따라 운영의 형태도 달라진다.

물론 기획회의를 통해 학교 전체의 틀이 만들어지고, 학년으로 공유되는 경우도 있다. 부장 교사가 아닌 교사들에게 주어지는 정보의 양이 부족하고, 어떤 일이 어떤 방식으로 진행되는지, 역할의 필요성을 정확하게 알지 못하는 경우도 있다. 이는 공유의 소통 부재로 이어진다. '알지 못하는' 사람의 입장에선 소통이 잘 안된다는 하소연을 하게 되는 것은 당연하다. 물론 더 나은 방법을 찾으려 할 뿐 완벽한 소통은 없다.

이를 보완하기 위해 2018년에는 '씨줄과 날줄' 체계로 구성하였다. 이것을 이해하려면 학교 업무를 살펴보아야 한다.

학교 업무에는 어떤 것들이 있을까. 공통적인 일로 교육과정, 정보, 연수, 학적, 도서, 현장학습, 진로, 체육, 인성, 안전 등이 있다. 그리고 담임이 할 수밖에 없는 수업, 상담, 생활지도 등이 있다. 물론 정확하게 구분할 수는 없으므로 공감대가 형성되지 않으면 진행이 어렵다.

몇 가지 원칙을 정했다.

1. 학교 공동적인 업무와 학교(급)에서 할 일을 나눈다.

2. 학교 공통적인 업무를 업무지원팀에서 역할을 분담한다.

3. 업무지원팀의 역할은 학년(급)과도 긴밀한 관계를 맺는다. 업무지원팀의 일은 씨줄이 된다.

4. 학년에서 학년 업무를 정할 때 업무지원팀의 일과 관련성을 맺는다.

5. 씨줄과 날줄이 만나는 협의체를 구성하여 정기적으로 협의한다.

6. 협의체는 필요에 의해 생기고 의미 없는 협의체는 운영하지 않는다.

7. 매달 두 번의 기획회의가 있다.

8. 매주 학년협의회가 이루어진다.

9. 필요시 TF팀을 구성한다.

이상이 기본협의체라고 할 수 있다. 협의체를 구성하는 것이 전부가 아니다. 협의체에 따라 의사결정 권한이 필요하다. 권한은 한정되어 있고, 협의체마다 충돌할 수도 있다. 즉 실제 그 권한이 부여되었는가. 권한의 체제는 제대로 완비되었는가에 대한 구체적인 방안이 필요하다.

쉬운 예로, 다 결정되었는데 교장 선생님이 '노'를 할 때 어떻게 할 것인가. 물론 소담초에는 그러한 일이 거의 없다. 왜냐하면 많은 사람들이 결정한 일은 극단을 선택하지 않는다. 경험상 공공성을 지닌 교사의 특성상 주로 중간 부분에서 결정되기 때문에 큰 위험이 없는 점도 작용할 것이다.

혹시 교장 선생님의 권위가 떨어지지 않는가 걱정하는 사람들도 있다. 권위는 무엇인가. 옳은 결정을 해서 생기는가? 더 좋은 방안의 아이디어를 제공해서 생기는가? 혹은 결재판에 멋있게 사인함으로써 생기는가?

리더의 권위는 그 조직이 가장 잘 굴러갈 수 있도록 장을 마련하고 그 장에서 놀 수 있는 적절한 사람을 발굴하고 격려해 줄 때 생긴다.

어려운 것은 다른 문제다. 현실에서 생기는 문제다. 몇 년간의 교직 경력을 갖게 되면 '나름대로의 철학'을 갖게 된다. 그 철학은 평상시에는 별것 아닌 것처럼 보이지만 학급이라는 공간으로 들어갔을 때 잘 작동되지 않기도 한다.

가령 '아이의 이름을 불러주자'라고 협의를 했다고 하자. 이런 부분은 의외로 쉽게 합의되지만 실제로 교실 속에서 실천되는가는 다른 문제다.

교사는 많은 시간을 교실에서 아이들을 만난다. 따라서 이름을 불러주는 일도 교실 안에서 훨씬 더 많이 이루어진다. 합의했지만 '나는 이름을 불러주는 것보다 별명을 불러주는 것이 좋다.', '적절한 거리 유지를 위해 이름을 불러주지 않을 거예요.' 등의 사례들이 발생한다. 옳고 그른 문제를 넘어 합의를 본다고 그것이 실천되는가는 다른 문제가 있다.

학급 내에서 규칙이 존재하지만 교실 밖, 학교 안의 규칙도 존재한다. 효력이 발생하려면 구성원의 진짜 합의가 필요하다. 쉬운 일이 아니다. 내 고정관념을 깨는 일이다. 이것이 교실 개방의 의미이다.

협의체는 공식적인 기구, 즉 역할에 따라 부여되는 기구이다. 협의체에는 주어진 역할과 책임이 있다. 만약 그 협의체가 그 역할을 못한다면 그것은 형식만 남는 것이다. 혹시 그 협의체가 제대로 작동되지 않는다면 그 이유를 찾아봐야 한다.

협의체 결정을 수용하는 정도가 민주적 공동체의 수용과 맥락이 닿아 있다. 비단 관리자의 문제가 아니다. 우리 모두 그렇다. 서로 합의한 결론에 대해 존중하는 태도가 필요하다.

현장에서 만들어진
학교 정책

2014년 6월 지방선거에서 최교진 교육감이 당선되었다. 주요 공약 중 혁신학교 운영도 있었다. 취임 후 첫 번째 결재로 혁신학교 연수 운영 문서에 결재하였다는 소식이 언론을 통해 전해졌다. 혁신학교 연수 운영 문서가 교육감 결재까지 가지 않아도 되지만 혁신학교 운영에 애정을 나타낸 상징적 의미를 담은 것이다.

당시 제2대 교육감직인수위원으로 참여하였다. 인수위원은 당선된 교육감의 공약을 정리하고 실현 가능하도록 챙기는 일을 했다. 덕분에 교육청 운영에 대한 전반을 들여다보는 계기가 되었다.

두 달 정도의 인수위원이 끝나고 교육청 내 학교혁신지원센터에서 주요 공약이었던 혁신교육과 혁신학교의 운영을 지원하는 일을 2년 정도 하였다. 그중에 학교 업무를 어떻게 합리화할 것인가가 있었다. 그래서 학교 업무를 어떻게 정리할 것인가에 대한 논의를 하였고 다양한 사례를 수집하고 TF를 조직하여 학교 행정업무와 교수학습과 분리하는 정책을 추진하고 있었다. 그 안으로 교무업무전담팀을 구성하여 안내 연수가 있었다. 그 담당이 나였다.

> '학교는 교육청에서 생각하는 것보다 복잡하다. 책상머리에서
> 정책을 만드는 정책은 실패하고 학교 현장을 모르는 소리다.'

12월 관내 교감 선생님 연수 중 질의응답 시간에 나온 의견이었다. 이 말을 듣고 다시 현장으로 돌아갈 결심을 했다.

평소 교육청의 다양한 정책을 '탁상행정'이라고 비꼬았던 사람 중의 한 명이었다. 그러나 교육청 파견 근무 2년 차였지만 현장에서 10년 이상, 교무부장만 3년을 했는데 책상머리, 탁상행정이라고 해서 동의할 수 없었다. 그렇다고 그 자리에서 내가 현장을 잘 안다고 할 수는 없었다. 그 여부와 상관없이 그런 얘기는 의미가 없다는 걸 알고 있었다. 어쩌면 정말 내가 책상머리 행정을 하고 있을지도 모른다는 자기 생각이 결정적으로 작동했다. 그다음에 3월 학교 현장으로 나왔다.

그렇게 전입한 소담초는 2016년 개교를 했는데 바로 옆 인근 학교가 개교하지 않아 임시 수용교 역할까지 하느라 고생이 많았고, 내가 옮긴 2017년은 개교 후 다양한 사안들이 한바탕 휩쓸고 간 후였다.

소담초는 이미 어느 교감 선생님이 책상머리 정책이라고 했던 업무 전담팀을 구성하여 운영하고 있었다. 초기 시행이라 약간의 삐걱거림이 있긴 했지만, 충분히 자리를 잡아갈 수 있을 것 같았다.

학교의 울타리를 넓히다

내가 맡은 업무가 있었지만 자원하여 학부모회 업무를 요청했다. 학

교의 울타리를 넓히는 데 학부모회가 필요하다고 생각했기 때문이다.

학부모회를 동아리 중심으로 운영할 것을 제안하였다. 학부모 안에서 서로 필요하고 즐거운 것을 했으면 하는 바람이었다. 그런 과정에 '아빠랑 함께'라고 제안받은 아빠 동아리가 아버지회로 구성되었고, 저녁 혹은 주말에 이어지는 아버지회의 왕성한 활동은 학교 담을 넘었다.

자전거 여행, 기차여행, 1박 2일캠핑, 여름 혹은 겨울 놀이 등으로 그야말로 아이들에게 아버지회 행사는 모두 기다리는 행사가 되었고, 행사가 열릴 때면 수백 명의 사람이 참여하였다.

활동 중 하나가 자녀와 함께 하는 '자전거 자율 방범대'였다. 일주일에 1~2회 저녁 시간에 자녀와 함께 자전거를 타고 동네 한 바퀴를 도는 것이었다. 학교 안에 갇혀 있는 것이라 학교 담을 넘었던 것이다.

그때 학교와 마을에 뭔가 있음을 발견했다. 그곳에 사는 아이들과 어른들이 서로 연결될 수 있을 것 같았다.

3

소담마을에서 시작된
꿈꾸는 학교

소담이는 아침 일찍 일어나 학교에 와서 공부하고, 학교를 마치면 학교 방과후 활동을 하고 마을에서 하는 환경 동아리 활동을 한다. 저녁이 되면 퇴근한 부모님과 같이 인근 식당에서 밥을 먹고, 밴드부에 들어간 아빠는 드럼을 치고, 엄마는 노래교실 강사를 한다. 나도 만들기 강좌에 들어갔다가 밤이 되었을 때 부모님과 함께 집에 왔다.
– 당시 교무실 휴게 공간에 붙여놓았던 글을 재구성함–

이러한 글을 사람들이 드나드는 곳에 붙여놓았다. 누구든 좋은 생각을 보탰으면 하는 마음이었다. 그러던 중에 한 선생님이 '인생학교' 라는 단어를 꺼냈다. 당시 오마이뉴스 오연호 대표가 다양한 일을 벌였는데 그중에 인생학교라는 이름을 들은 듯하다며 꺼냈다.

'인생학교'라는 단어를 접하는 순간, 마치 어둠 속에서 빛을 가득 품을 문이 열리는 느낌이었다. '소담마을인생학교'가 시작되었다.

역시 절반의 성공과 절반의 실패였다. 소담마을인생학교는 실행기구였다. 사람들이 모여 뭔가를 실행해 보고 괜찮으면 점점 개선 발전해 나가자는 것이 목표였다. 개선 발전하기 위해서는 인근 학교와 주민센터, 아파트 등의 협조가 필요했는데 쉽지 않았다.

몇몇 곳에 찾아가 인생학교를 소개하고 함께해 보면 어떠냐고 제안했지만 정중하게 거절당했다. 아직 가보지 않은 길이었고, 괜한 일을 벌이는 것으로 생각했을 것이다. 또 한편 학교의 담당 교사의 말이 그렇게 신뢰가 가지 않았을 수도 있다.

게다가 코로나19가 터진 것이다.

'안 되나보다.'

학교와 마을 사이에 뭔가를 발견하고 소담마을인생학교라는 깃발을 꽂으려고 하는데 상황상 어렵게 되었다.

무엇보다 소담에서 만난 소담유치원 선생님, 소담고등학교 선생님, 소담유·초·중·고 학부모 그리고 소담초에서 늘 토론하며 생각과 실천의 공유 공간을 넓혀 나갔던 사람들을 다시 만나기 쉽지 않을 것으로 생각했다. 꿈은 꾸었지만 현실에서 이루긴 어렵겠다고 생각하고 있었다.

소담초의 기억은 지금도 온갖 환상으로 가득 차 있다. 당시 어렵고 힘들다고 생각하는 시간도 있었지만, 환상으로 가득 찬 이유는 개척하는 시간의 연속이었기 때문이다.

뜻밖에 길이 열렸다.

새로 만들어지는 마을, 해밀동에 해밀초가 개교하는데 그곳에서 내부형으로 교장을 공모한다는 소식이 들려왔다.

4

해밀교육공동체와 함께 세운 첫 교실,
세종 1호 공모 교장

한 교사의 선택이 학교가 되기까지[3]

문득 오랫동안 잠자고 있던 개인 블로그를 찾아봤습니다. '2006년 10월, 동무들에게'라는 제목의 편지를 찬찬히 읽어보았습니다. 읽다가 오글거려 몇 번을 쉬었다 읽었습니다. 마치 독립운동이라도 나갈 것 같은 기세입니다.

우리가 대학생일 때 조그만 자취방에 모여 앉아 낭만을 가득 담아 밤새 참교육을 이야기했던 시절이 있었어. 그 밤새 했던 내용을 한 번쯤은 시도라도 해 봐야지. 내가 살고 있는 여기는 전교생이 30명 정도 되는 조그만 학교야. 두세 명만 있다면 우

3　《학교와 나》(2021년. 살림터. 공제) 중 일부 내용.

리가 얘기했던 학교를 만들 수 있을지 몰라. 어때?

당시 일부러 시골 학교를 찾아갔습니다. 타시군 전보를 낸 후 '다른 사람이 가고자 하는 곳 말고, 바다가 가까운 곳'에 보내달라고 청탁(?)까지 했습니다. 굳이 이렇게 얘기했던 이유는 '벽지학교'라고 승진 가산점을 받는 학교가 대부분 바닷가 주변이라, 혹시나 진짜 청탁으로 받아들일지도 모른다는 염려와 진심으로 '바닷가 가까운 시골 학교'를 찾아가는 의기 서린 청년이 되고 싶었습니다.

그렇게 발령받은 학교는 복식학급으로 전체 4학급을 겨우 유지하고 있었고, 대부분의 교사가 2년을 넘기면 떠나는 학교였습니다. 발령받는 해 전체 교사 4명 중 3명이 타시도 발령자였으니 학교가 학교로서 유지하기에도 어려울 정도였습니다.

당시 마을에서는 학교 살리기 운동 차원에서 초등학생을 둔 가정은 마을 바지락 양식장에서 일을 할 수 있도록 조건을 걸었고, 그 덕택에 여러 가정이 정말 이사를 왔습니다. 다음 해에는 전교생 30명이 조금 넘었고 다행히 복식을 벗어나 6학급의 모습을 갖추었습니다.

당시 전국적으로 '작은 학교 살리기 운동'이 한창이었고, 그 학교는 마을이 학교 살리기 운동에 적극적으로 발 벗고 나서는 이색적인 모습이었습니다. 게다가 주변에는 존경받는 열혈 교육 선배들이 여럿 있었습니다. 저도 여기에 동참하고자 친구들에게 편지를 보낸 것입니다. 당시 2년째 그 학교에 머물고 있었고, 다음 해에도 머물기로 했으니, 학교의 '터줏대감'이 될 수 있는 상황이었습니다. 젊음으로 호기롭게, 멋모르고 대학교 친구들에게 같이 근무하자고 편지를 보낸 것입니다.

이후 여러 사건들이 있었지만 지금 적절한 이야기는 세종 내부형 공모 1호 그리고 논란. 오늘은 이 얘기는 하고 가려고 합니다. 정작 여러 논란과 고민이 있었고, 그 끝에 스스로 내린 답은 '의기 서린 청년의

나'를 만나는 것이었습니다. 의기서린 청년과의 시간적, 물리적 환경은 변했지만 그래도 길을 잃지 않았다는 약간의 안도감이 있습니다. 속상한 일도 여럿 있었지만 언론, 온라인 게시판, 전화, 문자 등의 응원과 격려를 받았습니다. 대부분 저를 아는 분들입니다. 불특정 누군가에게 오는 화살보다 나를 아는 사람이 보내는 마음이 더 소중했습니다. 이렇게 스스로 정리되자, 가장 우선순위가 '해밀교육공동체와 함께하는 시간'이었습니다.

해밀초에서 아이들을 정성스럽게 만나려고 합니다. 해밀초 동료들과 새로운 이야기를 만들어가는 과정에 진심을 담으려고 합니다. 그 과정에서 사소하지만 사소하지 않은 교장의 역할을 찾으려고 합니다.

그 젊은 청년은 편지 끝에 이런 말도 남겼습니다.

> 같이 고민하고, 같이 도와주고 또 같이 계발하며 그렇게 살면 좋겠습니다. 평생을 함께 근무할 수 없지만 한 번쯤은 같이 시도해볼만한 가치가 있으니 그렇게 해보자는 겁니다.

적어도 4년 동안은 학교를 사랑한 그 청년을 가까이 두겠습니다.

세종 1호 내부형 공모 교장

"어머, 교장 선생님이세요. 우리 남편이 해밀초 교장 선생님이 되게 젊다고 하더라고요."
"그래요? 젊다는 게 몇 살 정도일까요?"
"그래도 50은 넘었겠죠?"

해밀초 발령 초 학교 입구에서 만난 학부모와의 대화다. 그냥 웃어 넘겼지만, 당시 20년 9월 기준으로 만 44세였다. 여전히 교장에 대한 고정된 이미지가 있다. 교직 막바지 정년에 가까워 머리가 희끗하거나 지긋한 모습을 생각한다. 그래서 굳이 나이를 말하고 싶지 않았다. 다행히 나를 만나는 사람들은 나이와 맞지 않는 얼굴이라 다행이라고……

2020년 9월 1일 자 해밀초 학교장 공모는 세종시 교육청 개청 이후 실질적인 내부형 공모가 처음 실행되었다. 지금까지 교사-교감(장학사)-교장으로 이어지는 승진 체계에서 벗어나 교사도 교장을 할 수 있는 제도를 처음으로 적용한 것이다.

물론 전국적으로는 2007년 시범 시행 후 2010년 이후 여러 곳에서 내부형 공모 교장이 발령받았는데 그에 반해 후발주자인 세종시 교육청은 2020년 9월 신설 학교인 해밀초에 처음으로 내부형 교장 공모제를 시행했다.

'여기 갔다가 경험을 쌓고 여기 가면 되겠네.'

2015년쯤으로 기억한다. 당시 교육청 파견으로 학교 현장을 떠나 있을 때였는데 근무하는 사무실 벽에 세종시 학교 위치가 그려진 큰 지도가 있었다. 지금까지 개교한 학교와 앞으로 개교할 학교도 표시되어 있었고 소담동에 있는 학교가 2016년 개교 예정, 해밀동(당시 지도에는 해밀리로 표기)은 2020년쯤 개교 예정이라고 적혀 있었다.

두 곳을 주목한 이유는 유·초·중·고가 모여 있고, 가까이 주민센터가 있었기 때문에 서로 연결되면 뭔가 새로운 일이 생기지 않을까 하는 낭만적인 생각에서였다. 당시만 해도 내가 그 길을 걸을지 꿈에서조차 몰랐다.

학교경영계획서를 작성했다. '학교 경영'이라는 말도 '학교 운영'이라는 말로 바꾸고 싶었다. 학교 경영과 학교 운영이라는 말에 미묘한 차이가 있었고, 그 미묘한 차이가 있는 문서를 열 때마다 조금 불편했다. 그건 제출 양식이라 바꾸진 못했다.

계획서를 쓰며 몇 가지 기준을 세웠다. 구체적인 프로그램에 집중하지 않고 과정을 만들고 플랫폼으로서의 학교를 생각했다. 구체적인 프로그램은 '내 것'이 아니라고 생각했다. 하나에서 열까지 주어진 일을 그대도 채우는 일보다는 일의 여백이 있는 것이 좋았다. 생각을 담을 수도 있고, 다른 사람의 생각을 채울 수도 있는 일이 더 매력적이었다. 다른 사람들도 비슷할 것이다. 참여할 수 있는 여백을 만들어 두고 함께 채우고 싶었다.

더불어 학교장이 과정과 플랫폼을 챙기는 사람이지만 또 한 편으로 어떤 일은 구성원으로 참여하여 실행자가 되고 싶었다. 과정과 플랫폼을 챙기는 일도 있겠지만 학교에서 일어나는 일에 어떤 부분은 직접 실무자가 되고 싶었다. 그렇더라도 그 일은 특정한 프로그램은 아니었다.

이런저런 생각을 담아 막상 경영 계획서를 써 놓고 보니 구체적인 프로그램이 없어 '알맹이'가 빠진 듯 허전했다. 하지만 떨어지더라도 그 마음을 놓치지 않으려는 경계에 대한 정리의 시간이기도 했다.

당연히 소담초에서의 경험과 만난 사람들의 도움이 컸다. 절대적이었다. 낭만적인 생각이 현실로 옮겨지는 과정을 함께 경험했다. 다시 못한 경험이라고 생각했다.

공모제 교장 심사가 교육청에서 있었다. 학교 경영계획을 십오 분 발표하고, 세 가지 질문에 각 오분씩 답하는 방식이었다. 당시 나를 포함한 두 명이 지원했고, 순서 심지 뽑기에서 2번을 뽑아 두 번째 심사를 봤다. 그리고 결과는 발령이 나기 전까지 알지 못했다.

당시 심사장에 참관 왔던 한 분이 희망 가득한 말을 많이 해주었다. '이상적인 학교였다고. 대안학교 같은 학교 같다고.' 그렇지만 그분이 심사위원은 아니었기에 결과는 알 수 없었다.

해밀초 교장으로 발령, 기대와 희망

8월 중순 해밀초 교장으로 발령 났다. 발령이 나자마자 막바지 공사 중인 해밀초를 찾고, 당시 TF활동을 하는 선생님들을 자연스럽게 만났다. 공모 결과를 모르는 상황에서 학교를 찾는다거나 TF 선생님을 만나는 것은 쉽지 않았는데 발령 소식을 듣고 즐거운 마음으로 찾아 인사를 했다.

개교 직전이었지만, 코로나19와 한여름과 53일간의 장마가 겹쳐 공사가 늦어졌다. 사람이 다니는 길이 정비되지 않았고, 교실 내부 공사가 개교 후에도 계속되어야 했다. 그러나 만난 선생님들에게서 학교에 대한 기대와 희망을 읽을 수 있었다.

며칠 지나지 않아 모 교원단체에서 내부형 공모 교장에 관한 의혹 기사를 실었다. 그 기사를 기반으로 지역 신문에 '의혹'을 제기하는 기사가 수십 군데 실렸고, 지역 맘 카페 등 온라인에서도 오르내렸다. 주변에서 내가 모르는 소식까지 전해주었다.

추측은 어쩔 수 없다고 하더라도, 사실 관계가 틀린 부분은 바로잡고 싶었다.

누군가는 법적 조치를 해야 한다고 말하면서 당사자인 내가 해야 한다는 것이다. 고민이 되었다. 바로 잡고 싶은 마음을 떠나 나름 해명이라도 하고 싶었는데, 그럴 기회도 없었고 통로도 없었다. 당시 세종 지역 S 신문사에서 인터뷰 요청을 했다. 인터뷰 내용은 해명이 아니라 앞으로 포부(?)에 관한 내용으로 인터뷰 제안이 왔다.

앞으로 계획에 대해 인터뷰하고 나니 마음이 가벼워졌다. 해명하고 싶은 마음을 접었다. 결과적으로 괜찮았다. 어떤 식으로든 해명한다고 하여 해명이 되었을까 하는 생각과 내가 함께 만들고 싶은 학교가 있는데 그러한 비방에 휩싸여 지내는 것은 누구에게도 득이 되지 않았을 것이다.

학교는 학교로서 증명해야 한다. 해명에서 이기거나 소송에서 이겨도 새로운 학교로서 자리를 못 잡는다면 상처만 가득할 것이고 개인의 해명에만 급급한 사람으로 남을 뿐이다.

"저 ○○ 엄마에요. 소담동에서 이사 왔어요. 선생님이 교장 선생님으로 해밀로 오신다는 얘기 듣고요."

반갑게 인사하는 사람을 만나기도 했다. 함께 하는 사람이 있다는 생각에 든든했다.

해밀꽃미남 유우석

한번은 저장되지 않은 번호로 문자가 왔다. 모래 글씨로 누군가 '해밀꽃미남 유우석'이라고 쓴 것을 보고 재미있어 사진을 찍었다며 보내 주었다.

교장실에 들어오면 내 전신사진이 걸려 있다. 발령받는 날 찍은 사진으로 현수막을 만들고 내용으로 해밀꽃미남이라고 글씨가 쓰여 있다. 나는 나와 해밀꽃미남이라는 말의 궁합(?)이 잘 맞는다고 생각했다. 꽃미남이라서가 아니라 완전 그렇지 않고 오히려 산적 같은 외모이기 때문이라 오히려 갑론을박이 전혀 없다. 영화에서 오마주로 나오는 장면이 누구나 오마주인 줄 알면 표절 문제가 없는 것처럼.

"밥은 혼자 잘 먹어요. 알아서 잘 먹을 테니 걱정하지 마세요."

발령 초기 교감 선생님이 교장실로 내려왔다. 점심 식사를 같이하자는 의미였다. 밥을 챙겨주고 같이 먹는다는 의미가 있을지 모르겠지만 밥도 혼자 못 먹나 싶어 혼자 알아서 잘 먹겠다고 했다. 그 이후 나는 홀로 급식실에 갔다. 아이들 속 빈자리에 가서 먹거나 밥 먹는 속도가 느린 친구 앞에 가서 먹었다.

혹여 옆에라도 앉으면 인사하고 교장 선생님 옆에 앉았다고 자랑도 한다. 그리고 급식실에 가면 자기 옆에 앉으라고 손짓하는 친구들도 있다. 나도 밥 먹다가 아이들과 얘기하는 걸 좋아한다. 그러다 보면 막 떠들다가 주변에 눈치가 보며 쉿! 조용히 먹었다.

밥을 여러 번 먹는 친구를 알고 있다. 이 친구는 밥을 더 먹기 위해 여러 번 간다.

"몇 번째니?"

물어볼 정도다. 아. 그렇다고 비만이거나 염려할 정도는 아니다. 오히려 매우 건강하게 잘 지내는 친구다. 해밀초TV 생방송에 출연하여 학교 급식 맛있게 먹는 법에 관해 이야기하기로 했다.

학교 뒤편에 돋보기로 불을 낼 뻔한 친구도 알고, 친구에게 욕을 한 친구도 알고 있다. 킥보드를 잃어버리고 집에 들어가면 '너 킥보드 찾을 때까지 집에 오지 마.'라고 얘기하는 부모님을 둔 아이도 있다.

　중학교에 올라간 누나를 찾으러 몰래 교문을 나간 친구를 알고 있으며, 비 오는 날 달팽이를 잡아 계단 옆 구석에 몰래 감춘 애도 알고 있다. 8시 40분이 되면 횡단 보도를 건너는 아이도 알고 있고, 엄마가 한 달은 학교 정문까지 또 한 달은 횡단보도에서 또 한 달은 저 멀리에서 아이를 배웅하는 아이를 알고 있다. 춤을 잘 추는데 골프도 잘하는 아이를 알고 있고, 그 아이에게 춤 잘 추는 골퍼가 되었으면 좋겠다고 말한 적도 있다.

　아이들의 이름도 많이 안다. 1,000명이 넘는 아이들의 이름을 다 알지는 못한다. 그래도 오며 가며 만난 친구들은 이름을 안다.

　"어? 민종이 아니야?"

　민종이는 졸업한 친구다. 그 아이가 오히려 놀랐다. 조용히 가고 싶었는데 내가 이름을 부른 것이다. 그 동생 지민이도 안다. 내가 그 아이를 아는 것은 단순히 이름만 아는 경우는 없다. 어떤 사건과 맥락을 함께 알고 있는 경우가 대부분이다.

　정말 꽃미남은 아니지만 내가 살아남은 방법이다. 아이들을 바라봄으로써 나는 많은 것을 얻었다. 누구도 나보고 정말 꽃미남은 아니잖아요라고 하지 않는다.

5

담장 위를
걷는 교장

교장 선생님은 무슨 일을 하세요?

"교장 선생님은 무슨 일을 하세요?"

아이들에게 질문을 받았습니다.

"너희들이 안전하고, 재미있게 학교생활 할 수 있도록 도와주는
역할을 해."

이렇게 답해 놓고, 교장은 무엇을 해야 할까? 또 한다고 해야 할지
나도 궁금했다. 초·중등교육법에는 교장은 학교를 '총괄한다'라고 되
어 있다. 학교는 교육과정을 운영하는 곳이니 교육과정을 총괄한다는
의미다.

교육과정이란 학교 일상의 전부라고 할 수 있다. 따라서 전부를 총괄한다고 해석되는 것이 일반적이다. 예전에는 '통할'한다라고 되어 있다가 '총괄'로 바뀌었다. 사전적 의미는 비슷하긴 한데. '통할'이 지휘 조정 또는 거느린다는 의미가 있어 경직되고 권위적인 느낌이 있다. 학교장의 권한과 책임에 대한 논의할 때마다 '통할'이란 단어는 쟁점이 되었다.

교장 연수를 통해 교장의 역할 등의 연수를 듣긴 했지만, 현장과 이론을 접목시키기란 '처음 해보는 일이라' 쉽지 않다. 새로운 시대에 맞는 학교의 역할 정립부터, 교장의 역할을 재정립하고, 그 역할을 하기 위해 교장이 되는 과정을 다시 재구성할 필요가 있다. 왜냐하면 교사의 역할과 교장의 역할은, 그 역할 자체가 다르며 사회가 요구하는 교장의 상도 다르다.

내 방식대로 일과를 통해 직무분석을 해보면, 아침 7시 40~50분쯤에 학교에 도착한다. 먼저 온 사람과 인사를 나누고 교장실에 들어와 컴퓨터를 켜고, 하루 일정과 교육활동을 확인한다. 그중에는 직접 챙겨야 하는 일과 알고만 있어도 되는 일을 확인한다.

직접 챙겨야 하는 일은 기획 회의와 같은 회의와 상담, 외부 손님과의 간담회 등이다. 많은 회의 중에 제가 직접 챙기는 회의는 기획 회의와 연석회의가 있다. 직접 챙긴다는 뜻은 제가 회의를 주재한다는 뜻이다. 기획 회의는 정기협의로 한 달에 두 번씩 교감, 행정실장, 부장 교사가 참여하는 회의인데 학교에서 가장 많은 의사결정이 이루어진다. 한 달에 한 번 운영되는 연석회의는 학생, 학부모, 교사, 지역사회(해밀학교사회적협동조합)이 참여하고 서로의 일을 공유한다. 기획회의나 연석회의를 포함한 회의는 정례적이고, 미리 안건을 수합하여 진행한다.

정기적으로 주재하는 회의가 하나 더 있다. 해밀유·초·중·고등학교와 해밀동주민센터와 해밀동 주민자치회, 해밀동 아파트 1,2단지 입주자대표협의회가 참여하는 해밀교육마을협의회가 있다. 여기에는 기관장과 실무자가 포함된 회의이며 1년에 4차례 정기협의와 필요한 TF를 운영한다. 참고로 현재 10월 마을축제와 관련하여 TF를 구성하고 있는 과정에 있다.

한시적으로 회의체를 만들 때도 있다. 이번 코로나19에 적극적으로 대응하기 위해서 해밀초 코로나19 긴급대응팀을 운영했다. 교감 선생님, 보건 선생님, 교육과정 담당 등 긴급할 때 논의할 수 있는 팀으로 개교 직후부터 구성하여 최근 6월 말에 공식 해체했다. 긴급대응팀 회의는 빠른 결정이 필요하다. 사안 발생이 주로 저녁이라 주로 온라인에서 상황을 공유하고 결정했다. 학교 근무 중일 때는 소집하여 결정한다.

지금은 아무렇지 않게 말할 수 있지만 당시로서는 긴박한 순간이 있었다. 21학년도 여름 방학 직전 코로나19 확진 가족이 발생하였고, 우리 학교에 세 명의 자녀가 다녔다. 당시에는 밀접 접촉자의 결과가 나올 때까지 원격으로 수업을 하는 때였다. 그런데 수업 도중 가족 확진을 알았고, 자녀는 밀접 접촉자로 검사하러 갔단다.

그때 남아 있는 아이들은 어떻게 할 것인가? 교장실에 모여 논의했다. 20분 정도의 열띤 논의가 있었다. 긴급 하교해야 한다는 의견과 1,000명 가까운 아이들이 동시에 긴급 하교를 하면 가정에서의 걱정을 포함하여 더 미치는 영향이 크니 더 신중해야 한다는 의견이었다.

최종 결정은 학교장이 할 수밖에 없다. 잘한 판단일 수도, 잘못된 판단일 수도 있지만 그것을 누군가에게 미룰 수 없다. 당시 긴급 하교를 결정하고, 아이들의 하교 방법에 대해 빨리 논의하고 담임 선생님이 아이들을 집에 다 데려다준 일이 있었다.

다행 검사를 받은 아이들은 음성으로 판정되었고, 긴급 하교는 하나의 사건으로 마무리되었다. 짧은 순간 판단을 합리적으로 할 수 있는 방법은 무엇일지 고민했다. 이러한 상황을 위해 항상 시뮬레이션이 필요하겠다 싶었다. 어떤 결정 이후에는 그 결정으로 끝나는 것이 아니라 수습해야 하는 뒷일도 있기 때문이다. 이 외에도 코로나19 관련하여 갖가지 사건이 많다. 학교에서 오는 긴급 문자, 긴급 안내장에 긴급대응팀의 진지한 논의에서 나온 결과물이다. 해밀초의 긴급대응팀은 항상 진지했고 신속했다. 위기 상황은 언제든 있을 수 있다. 그럴 때 합리적이고 책임 있는 팀이 필요하다는 생각했다.

8시쯤 교통 깃발을 들고 나가 9시까지 등굣길 건널목에서 교통 지도를 하고 교장실로 돌아온다. 아침 7시 반에 등교하는 아이부터 거의 9시에 등교하는 아이까지 각양각색인데, 신기한 것은 거의 날마다 거의 정해진 시간에 온다는 것이다. 예를 들어 어제 8시 50분에 등교한 친구는 오늘도 8시 50분에 올 가능성이 매우 높으며, 늦은 등교일수록 부모님과 같이 보호자와 함께 오는 경우가 많다. 덕분에 시계를 보지 않아도 거의 정확한 시간을 안다.

교통안전을 챙기기도 하지만 아이들 등굣길에서 '아침맞이'라고 생각하고 있다. 아이들의 발걸음이 무거운 날도 있고, 가벼운 날도 있다. 아이들의 등교 모습과 간간이 나누는 대화가 즐겁다.

9시에 오면 일정을 다시 한 번 찬찬히 확인하고 결재한다. 아침에 출근한 교감 선생님과 행정실장님의 중간 결재가 이루어지기 때문에 교장에게는 아침에 보통 10건 정도의 결재가 늘 있다.

월요일 아침 10시에는 교감 선생님과 행정실장님과 티타임을 하며 일주일간의 일정과 챙겨야 할 것을 나눈다. 규모가 큰 학교라 생각보다 다양한 일이 많이 생긴다.

물론 내가 모두 챙기지도 못할뿐더러 모든 분야에 전문가가 아니기 때문에 그곳에 가장 중요한 역할을 하는 사람은 그 작은 공동체의 리더이다. 대부분의 일은 작은 공동체의 리더가 일상적으로 일어나는 구체적인 일을 거의 챙긴다.

10시 20분~50분, 30분 동안 중간 놀이 시간이다. 이때 교장실로 아이들이 많이 방문하는데 소소한 미션을 수행하기도 하고, 같이 놀기도 한다. 오전에 외부 손님들과 약속을 많이 잡는다. 오후에는 학교 교직원과 관련된 회의가 많고 오전에 학교를 찾는 사람들과의 회의를 잡는 경우가 많기 때문이다.

또 학년 단위의 행사가 있으면 잠깐이라도 방문한다. 특히 시청각실 행사나 강당 행사의 경우는 얼굴이라도 아이들에게 비춘다. 아이들에게 조금이라도 행사의 의미를 더 생각할 수 있도록 하는 마음 때문이다.

11시 40분쯤에 1·2학년 아이들과 점심을 먹는다. 6학년 남자아이들은 그야말로 전광석화처럼 5분이 채 걸리지 않는 경우가 많다. 그에 반해 1·2학년 아이들은 식사하는 시간이 좀 길다. 1·2학년은 수저 챙기는 것, 밥과 반찬을 받는 일, 퇴식하는 것까지 하다 보면 시간이 좀 걸리는 편이다.

점심시간 쯤에 한 번 더 결재를 챙긴다. 보통 10여 건 정도의 결재가 있다. 특히 월말에는 각종 예산 사용 관련 결재가 많다. 각종 공모 사업으로 본 예산에 절반 가까운 예산을 사용한 적도 있다. 참고로 학교와 관련된 공문이 1년에 1만 5천 건 이상이다. 내부결재 공문만 1만 건 정도이니 공문의 절반은 내부 문서이다. 그중에 상당수가 회계 관련 문서다. 일 년 365일로 계산하면 거의 하루에 30여 건에 이른다. 생각보다 많은 문서가 생산된다.

오후가 되면 대부분 회의 또는 손님맞이가 많다. 우리 학교는 결재판이 없기 때문에 결재판을 들고 오는 경우는 거의 없다. '거의'라고 표현을 한 것은 행정실에서는 아직 결재판이 있고, 또 직접 계약 등 관련하여 '사인'이 필요한 경우가 있기 때문이다.

결재판이 없는 이유는 크게 두 가지다. 첫 번째는 결재판이 가진 상징성 때문이다. 물론 학교에 결재판을 없애는 것이 정답이라고 생각하지는 않는다. 그러나 결재판을 가지고 가는 상황, 그 자체에서 자유로운 얘기 자체가 어려워진다. 결재판은 결재받기 위한 도구이니 자유로운 얘기보다는 결재하는 자와 결재를 받는 자라는 형식이 내용을 우선할 수 있는 분위기가 조성되기 때문에 경계하고 있다.

두 번째는 '회의'의 중요성 때문이다. 회의는 회의대로 결정은 결정대로 되지 않도록 하기 위함이다. 회의에서 공유되고 인정된 것은 그 자체로 결재의 과정으로 만들어야 회의 자체의 무게감을 높일 수 있기 때문이다.

오후에는 정례적인 각종 회의와 찾아오는 손님을 맞이하거나 상담하기도 한다. 상담의 경우는 매우 다양하다. 교직원 상담, 학부모 상담, 학생 상담 정도로 될 텐데, 교직원 상담은 개인 일신상의 문제와 학생 다툼 문제, 학부모와의 문제로 인한 상담이 많다. 대부분은 학급, 학년 내에서 감당하지만 조금 심각한 문제는 함께 상담한다.

학부모 상담은 대부분 자녀의 교우 관계와 관련된 부분이다. 이런 상담은 담임 선생님이나 부모님이 학교장에게 요청하기도 하고 내가 먼저 학부모에게 요청하기도 한다. 사람과의 관계는 단순하지 않기 때문에 한 번의 상담으로 끝나지 않는 경우가 많다.

가급적 부모님과 같이 상담하기 위해 저녁 시간에 상담한다. 퇴근 후 저녁 7시쯤에 시작되면 거의 9시에 끝나는 경우도 있다. 지금은 거의 없지만 개교 초기에는 종종 이런 경우가 있었다.

학생 상담은 아주 가벼운 상담부터 무거운 상담이 있다. 가벼운 상담은 친구 간의 감정 다툼인 경우가 많으며 교장 선생님과 상담하고 싶어 상담하는 때도 있다. 무거운 상담은 말 그대로 담임 선생님이 걱정할 만큼 무기력하거나 생활 적응에 어려운 경우이다. 많지는 않지만 가장 안타까운 경우이다.

하루 동안 일과로 살펴보았지만. 계획되어 있는 일도 있지만 예상치 못한 일도 종종 벌어지곤 한다. 그야말로 온갖 일이 벌어진다. 일어나는 일을 잘 처리할 수 있는 방법은 무엇일까? 어떠한 시스템을 구축해야 학교가 교육기관으로 잘 운영될 수 있을까? 학교의 교육력은? 교장은 어떤 역할을 해야 할까? 수많은 물음이 많은 학교의 교장이 하는 고민일 것이다.

교장의 자격과 담장

다만 학교가 조금 안정화되면 한 번쯤은 '교장의 자격'에 대해 말하고 싶었다. 적어도 차곡차곡 쌓아서 어느 정도의 점수가 되었고, 그 점수로 자격증을 얻었으니, 자격이 있다고 말하고 싶진 않았다. 물론 노력을 폄훼하거나 더 값지지 않다고 말하고 싶은 생각도 없다. 그 길을 가지 않아서 그 길을 모른다. 아직 소수 몇째 자리까지 있다는 그 점수 체계를 잘 알지 못한다.

제 방식으로 자격 혹은 역할에 관해 얘기해 보려고 한다. 교장은 학교 담장 위를 걷는 사람이다. 담장 위에서 학교 안팎을 살피며 끊임없이 걸으며 그 담장을 조금씩 낮춰야 한다.

"담을 최대한 높게 해주세요."

지인이 인근 지역에 주말에 머물 집을 짓는데, 설계사에게 주중에 사람이 없으니 안전한 집을 지어야 한다고 부탁했단다.

"진짜 안전한 집을 지으려면 밖에서 볼 수 있도록 담을 낮게 해

　야 합니다."

　우리는 안전에 대한 접근 방식이 경직되어 있다. 큰 다리가 무너지거나 백화점 붕괴, 세월호 참사 등으로 인해 '무엇보다 안전'을 말한다. 안전에 대한 경각심이 높아진 것은 좋은 일이지만 '하지 마' 혹은 '누가 책임질 것인가.'로 이어지는 경우가 많다. 새로운 일을 시작하는 자체를 멈추게 하는 경우가 왕왕 있다. 물론 안전은 중요하지만, 새로운 시도 도전 자체를 가로막는 '명분'으로 사용되어서는 안 된다.

　예를 들어 자전거를 타고 오다가 다친 경우가 발생했을 때 '자전거는 위험하니 학교 올 때 타고 오지 마세요.'라고 자전거 등교 자체를 금지하는 경우가 있다. 실제 많은 학교가 그렇다. 아이들은 저녁이나 주말에 자전거를 타고 다닌다. 사회에서도 친환경적이고 건강에도 좋다며 권장하고, 자전거 도로는 나날이 넓어진다.

　자전거를 타고 등교하다 사고가 나는 경우가 생길 수 있다. 학교에서 자전거 안전교육 등 예방 교육을 하지만 그것이 모든 사고를 예방하진 않는다. 진단을 위한 잠깐 멈춤 후에 조치를 취하거나 예방교육을 실시한 후에 방법을 찾을 수도 있다. 사고가 생겼을 때 학교로 오는 복잡한 문제가 생길 것을 염려하게 된다.

　이때 교장의 말은 중요하다. 만약 '아이들의 안전을 위해 자전거 타고 오지 못하도록 해주세요.'라고 한다면 이 말 한마디의 위력은 생각보다 크다. 누구도 아이들의 안전을 조건으로 한 교장의 말을 어기지 못할 것이다.

　어떠한 일이 생겼을 때, '금지'로서 문제를 해결하는 것이 아니라 문제에 대해 같이 진단하고 방법을 찾아가는 방식, 공동체가 문제가 해결할 수 있도록 해야 한다. 적어도 '안전'을 방패 삼아 교장이 강력한 힘을 발휘하기 쉬운 길을 가면 안 된다.

학부모는 외부인이 아닙니다

"학부모는 외부인이 아닙니다."

우리가 학부모를 외부인으로 보기 시작하면 학부모도 외부인의 시각으로 학교를 대한다. 외부인에게 협력을 기대하는 것은 어렵다. 학부모가 '요구'하는 수요자로서 학교를 대할 때 참 난감한 경우를 많이 겪는다.

가정과의 연계가 매우 중요하다고 말한다. 그러나 교사가 생각하는 연계와 가정에서 생각하는 연계가 다를 때가 많다. 이건 학교에서? 이건 가정에서? 각각의 역할로 혹은 문제의 원인으로 미루는 경우가 많다. 또한 미룸으로 인해 핑계가 되기도 한다.

똑같은 일이라도 함께 머리를 맞대고 진단하고, 대안을 찾는다면 서로 미루는 역할이 아니라 서로 챙기는 역할이 될 수 있다. 이때 필요한 것은 열린 마음이다. 이러한 사례만이 아니라 실제 아이들에게 배움의 장을 넓힐 때 학부모, 특히 학부모회는 큰 역할을 한다. 지역사회와 연결해 주는 통로이기 때문이다.

학부모와 소통을 어려워하는 교사를 만난다. 갈등으로 만나는 학부모와의 만남은 조심스럽고 어렵다. 어떠한 일에 대한 사실관계보다 서로의 다름으로 인해 생기는 관계 또는 그로 인한 오해로 감정상의 어려움을 겪는 경우가 많다. 어떤 갈등으로 만난 사이는 이미 벽을 높게 세운 상태이기 때문에 해결의 실마리를 찾는 것은 쉽지 않다. 그렇다고 학부모를 만날 때 어려워하지 말고 만나라고 한들 별로 의미가 없다. 정말 '안전함'을 보여야 한다.

당연한 얘기지만 안전함은 신뢰에 있다. 또 신뢰는 일방적이지 않다. 서로에 대해 이해하고 있고, 공유되는 과정에서 쌓인다. 그 과정이 지나는 시간이 효율적이지 않다고 생각할 수 있다. 그러나 보이지 않는 소중한 무형의 자산이 쌓이고 있음을 알아야 한다.

달마다 '학부모에게 보내는 편지'를 보내고 있다. 온라인 가정통신문 형식으로 보내는데 가끔 편지 마지막에 전화번호를 적어 보냈다. 처음에 전화번호를 적어 보낼 때는 주변에서 걱정이 많았다. 학생 수가 1,000명이 넘으니 학부모 2,000명에게 보내는 것은 말 그대로 불특정 다수에게 공개되는 거나 마찬가지인데 괜찮겠냐는 것이었다. 딴에는 소통의 창구를 크게 열어보자는 호기도 있었고, 먼저 이렇게 여는 것을 시작으로 나중에는 많은 사람들이 함께 마음을 열 것이라고 생각했다.

전화번호를 공유하고 난 이후 생각보다 전화가 오지 않는다는 사실에 많은 생각이 들었다. 나름대로 내린 결론은 전화번호를 공개함으로 인해 소통의 창구가 크게 열렸다고 생각했지만, 이러한 방법도 어떤 사람에게 아주 작은 소통의 창구일 수 있고, 정보의 종류에 따라 소통 대상과 방법도 다르기 때문에 소통 창구 중 하나일 뿐이라는 생각이 들었다.

소통과 신뢰는 일상에서 조그만 일들이 모여 조금씩 쌓인다는 것이다. 사람들의 기억에는 하나의 큰 사건으로 '감동'을 받는 것처럼 받아들이지만 그동안 작은 사건들이 거미줄처럼 얽혀 큰 사건이 '감동'으로 다가온 것이다.

예를 들어 4년 동안 코로나19의 위기 상황에서 전면 등교를 결정하고, 모두가 함께하는 졸업식을 기획했던 일, 안타까운 서이초 사건에서 9월 4일에 재량휴업일로 지정하는 사건은 그 사건 하나로 의미를 부여하기보다는 그동안 해밀초라는 공동체가 신뢰를 쌓아 올린 과정 속에서 이루어졌다고 봐야 한다. 즉 하나의 큰 사건이 생기면 그 사건에 주목하는 것보다 그 사건이 일어나는 맥락을 살피는 것에 관심을 기울이고 살펴야 한다.

교장은 학교 담장 위를 걷는 사람이다. 처음에는 담장이 높고, 폭이 좁을 수 있다. 학교 안에서 부는 바람에 휘청, 학교 밖에서 부는 바람에 휘청한다고 느낄 수도 있다. 그러나 담장 위에서 학교 안팎을 살피며 끊임없이 걸으며 그 담장은 조금씩 낮춰지고, 폭은 넓어질 것이란 믿음이 필요하다. 그러한 믿음으로 오늘도 학교 담장 위를 걸어야 한다.

아이들의 이야기를 듣다

"교장 선생님, 쉬는 시간 15분 더 늘여주시고, 급식에 포켓몬 빵 나오게 해주세요."
"우리 수련회 못 가게 됐어요. 부모님들의 1박2일 찬성 비율이 낮아 하루 만에 돌아와야 된다고 했어요. 우리 1박 2일로 가게 해주세요."

첫 번째는 1학년 친구들이 교장실로 와서 요구한 민원(?)이고, 두 번째는 5학년 친구들이 요구한 민원(?)이다.

요구 혹은 민원으로만 바라보면 아이들에게 미안하지만, 쉬는 시간 15분을 늘이고, 급식에 포켓몬 빵이 나오게 할 수는 없다. 쉬는 시간을 늘리는 문제는 하교 시간과 맞물리며 방과후에 짜인 각각의 시간에 지장을 주고, 1,000명 이상이 먹는 급식 시간 등의 조정도 고려해야 하므로 학기 중에 바꾸는 것은 아주 중대한 상황 아니면 조정이 어렵다. 또 수련회 가는 과정에 학부모의 동의 비율을 넘지 못했다고 그것을 억지로 또 가게 할 수도 없다. 만약 억지로 가게 한다면 득보다 실이 많을 것이다.

그렇지만 아이들의 이야기를 들을 수는 있다. 쉬는 시간 15분을 왜 더 요구하는지, 포켓몬 빵을 왜 요구하는지는 알 필요가 있다. 왜 하필이면 15분일까? 보통 10분 아니면 30분 단위로 얘기하는 게 일반적이다. 예를 들어 1학년 때는 정각과 30분 단위 시간 보는 방법을 배운다.

해밀초는 하루 중 종을 두 번 울리는데, 한 번은 중간 놀이 30분에서 끝나기 5분 전, 1·2학년 점심시간 끝나기 5분 전에 울린다. 특히 1학년은 쉬는 시간이 끝난 줄 모르고 놀고 있는 경우가 아주 많다. 담임 선생님이 학교 구석구석에서 노는 아이를 찾아다니는 경우가 종종 있어 생각해 낸 방법이다.

1학년 친구 몇 명이 교장실로 와서 쉬는 시간을 15분 늘려 달라는 것은 학급 내에서 그러한 사정이 분명히 있다. 시간을 배우며 학교 일일 시간표를 맞춰보는 과정에서 알게 되었을 것이다. 포켓몬 빵도 사연을 담고 있다.

5학년 친구들은 설문 조사 결과가 발표되었고, 속상한 나머지 교장실을 찾아온 것이다. 5학년 아이들과 한참 이야기를 나눴다. 이야기를 듣고 어느 과정에서 문제가 생겼는지 알고 돌아갔다. 자세한 내용은 밝힐 수 없지만, 다음에는 분명 성공할 것이다.

당연히 현실적으로 생각해 보면 안 되는 이유는 명확하다. 안 되는 이유를 설명해 주는 것보다 일단 상황을 상세하게 들어보는 것이 우선일 때도 있다. 가끔 뜻밖의 이유가 있는 경우도 있다. 대부분 사건은 홀로 생기지 않는다. 그 전의 이야기가 있다. 그 전에 이야기를 궁금해하고, 숨겨진 이야기를 서로 나누며 찾아가면 의외로 쉽게 답을 찾아갈 수 있다.

'아무리 새롭고 획기적인 교육의 방법이나 패러다임도, 교사와 학생들의 인격적인 만남을 통하지 않고는 성공하지 못한다는 것을 알기에, 내가 먼저 나 자신을 돌아보려고 노력합니다. 학생과 눈을 맞추며 이야기하기 위해서 때로는 무릎을 꿇어야 하고, 눈물을 닦아주기 위해서는 내가 먼저 기도하는 사람이 되어야 함을 깨닫습니다.'
-거창고등학교 홈페이지 학교장 인사말 중 일부

혁신학교에서 오랫동안 근무한 선생님들이 말씀하시는 공통적인 말이 있다. 바로 '인격적인 만남'이다. 난 이것을 '신뢰'라는 말로 사용한다. 신뢰를 쌓는 시간은 걸릴지 모르지만 단단하게 구축된 신뢰라는 바탕 위에서 펼치는 교육활동은 훨씬 더 의미 있게 다가올 것이다.

'지금부터 우리 해밀아이들이 이야기를 시작합니다. 이 이야기는 재밌고 웃기기도 하고 때로는 심각하고 진지하기도 할 것입니다. 때로는 슬픈 이야기도 있을 거예요. 그래도 책을 덮지 마세요. 우리 얘기잖아요.'
– 해밀초등학교 홈페이지 학교 소개 중 일부

한 번은 여름방학 직전에 3학년 아이들이 왔다.

"교장 선생님, 3학년 화장실에 귀신이 있어요."
"그래? 직접 봤니?"
"아니요. 저는 못 봤는데, 친구가 봤다고 했어요."
"음. 우리 학교는 지은 지 2년밖에 안 되어서 귀신이 있을 가능성이 적긴 해. 귀신은 억울한 죽임을 당한 사람이 귀신이 되는 경우가 많잖아."
"네. 그런데 우리 학교가 예전에 가축들이 죽으면 묻는 공동묘

지였다고 했어요.”

“쉿! 너 그거 어디서 들었니?”

“OO 친구가 말해줬어요.”

“음. 그렇구나. 일단 상황을 파악하고 정체를 밝혀보자.”

해밀귀신정체탐구단을 꾸렸다. 역시 더울 때는 무서운 이야기가 돌아다니나보다. 그리고 아이들의 귀신 이야기를 수집했다. 점심때가 되면 3학년 아이들이 귀신 이야기를 듣고 왔다.

‘화장실 안에 들어가면 문이 여러 개인데, 가장 안쪽에 있는 문이 닫힐 때 착 달라붙는다.’, ‘아무도 없는데 철컥하는 소리가 나기도 한다.’ 주로 이런 내용들이었다. 탐구단을 꾸렸지만 결론이 어디로 갈지 몰랐다.

“그런데 우리 귀신 발견하면 어떡하지?”

“물어봐야죠? 왜 귀신이 되었는지.”

“물어보고?”

“억울한 사연을 들어주고, 잘 보내줘야죠.”

생각보다 싱겁게 끝났다. 귀신 이야기가 돈다고 상담 선생님이 걱정했다. 괜히 무서운 이야기가 돌고, 그것 때문에 불안해하는 아이들이 있다는 것이다. 조금만 기다려달라고 했다. 다행히 여름방학이 오기 전에 마무리되었다.

교장으로 경험한 학교는 매우 섬세한 조직이었다. 학교는 아이들이 교실에서 수업하는 것! 외에도 그 주변을 둘러싼 교사, 직원, 학부모, 지역사회는 매우 촘촘하게 연결되어 있다. 촘촘함이 잘 보이지 않아 맥락을 파악하기 어려운 경우도 있다. 혹은 촘촘하게 연결되지 않아서 생기는 문제도 있다. 학교가 나아감은 학교를 둘러싼 사람들이 그물처럼 엮인 촘촘함 속에서 그 맥락을 파악하며 한 발짝 가는 길이다.

마치 높은 산에 올라가 보면 수많은 산봉우리가 첩첩으로 쌓여 있는 모습처럼 보인다. 어느 한 사건이나 갈등의 표면에 과도하게 집중하게 되면 당장 해결되는 것처럼 보이지만, 숨겨진 어떤 불만은 첩첩 둘러쳐진 어느 산을 맞고 튕겨와 새로운 상황을 만들어버린다. 모든 변수를 고려할 수는 없지만 나름 맥락을 파악하며 나아가는 모습은 매력적이다.

교장은 특정한 프로그램이나 내용을 안내하는 것보다 서로 인격적인 만남을 할 수 있도록 학교를 둘러싼 사람들이 나름대로 이야기할 수 있는 통로를 만들고, 그 통로가 다른 통로로 연결되는 촘촘한 망을 만들어야 한다. 촘촘한 망은 '학력'을 부족한 부분을 채우고, '생활'의 부족한 부분을 채우고, 오해나 왜곡, 결핍의 부족한 부분을 채울 것이다.

학교는 매우 섬세하지만 단단한 조직이다. 자연은 진공을 허락하지 않는다고 한다. 마찬가지로 학교도 자연과 촘촘히 연결되어 서로에게 영향을 주고받는다. 작용이 있으면 반작용이 있고, 밀면 밀렸다가 다시 당기고, 어떨 때는 한 겹처럼 보였다가 좀 더 자세히 보면 여러 겹이 보이기도 한다. 학교도 자연처럼 진공을 허락하지 않는 조직이다. 어쩌면 자연의 일부로서 존재하려는 것 또는 자연을 닮으려고 하는 것이 가장 이상적인 학교의 모습일지 모른다.

교직에 들어와 초기에 경험했던 교직원 회의

교직에 들어와 초기에 경험했던 회의를 지금도 생생하게 기억한다. 당시 발령받은 학교는 30학급 정도의 규모가 제법 있는 학교였다. 교무실은 교실 2칸 정도 되었고, 하나의 테이블에 5,6명의 동학년 선생님들이 둘러앉았다. 그러니까 모둠 수업 모양이었다. 수업하듯 교감 선생님이 가장 앞에 있었고, 교장 선생님은 나무 의자를 가져와 그곳에 가만히 앉아 있었다.

"지금부터 교직원 회의를 시작하겠습니다."

교무 선생님이 사회를 봤다. 그 말에 우리는 그 자리에서 일어나 가볍게 목례로 서로 인사를 나누었다.

"각 계에서 전달하실 말씀 있으시면 해주시기 바랍니다."
"우리 과학계에서는 과학의 행사를 맞이하여 이런 행사를 준비하였고, 담임 선생님들은 교실 대회를 실시하여 우수 작품을 보내주시고, 맡은 업무 분장은 교감, 교장 선생님에게 결재를 받아 안내하니 협조하여 주시기 바랍니다."

대충 이런 식이었다. 부장 선생님이 한마디씩 한다. 그리고 교감 선생님과 교장 선생님이 마무리 말씀을 한다. 주로 아이들이 복도에서 뛰어다니지 않게 지도해달라 등의 주로 생활지도 관련한 내용이었다.

이런 전체 회의가 일주일에 한 번씩 있었던 것 같다. 그렇게 두어 달이 지났을 때 문제가 생겼다. 당시 신규 아파트가 들어서면서 학생 수가 많아지고, 학급수도 덩달아 늘어나며 일반교실 부족 문제가 생긴

것이다.

　해결 방안으로 2개 있는 컴퓨터실을 하나 줄여 일반교실로 만들자는 방안과 교무실을 반으로 나눠 한쪽은 교무실로, 다른 한쪽은 교실로 쓰자는 안이었다. 당시로서는 2가지 안이 서로 쟁점이 되는 것 자체가 놀라운 일이었다. 교감, 교장 선생님이 결정하면 그것이 결론이었기 때문이다. 알고 보니 당시 한 선생님이 문제 제기했고, 그것이 교직원회의 안건으로 온 것이다.

　당시 교장, 교감 선생님은 컴퓨터실을 줄이자는 의견이었다. 줄이는 것은 안타깝지만 하나는 줄여야 하는 불가피한 부분이 있었고, 교무실 줄이는 것보다는 컴퓨터실을 줄이는 것이 낫다고 판단했다.

　경력이 지긋한 선생님이 일어나서 '교무실은 학교의 얼굴이다.'라며 교무실을 줄이는 것은 안 된다는 의견을 냈다. 또 한 분의 경력 선생님도 비슷한 의견을 냈다. 그리고 교감 선생님이 한마디 거들면서 컴퓨터실 하나를 줄이는 것으로 처리하려고 하였다.

　그런데 문제 제기했던 선생님이 토론이 필요하다고 하였고, 교장 선생님도 그러면 이야기해 보자고 하여 토론이 진행되었다. 문제를 제기한 선생님은 컴퓨터 관련 교육활동이 필요한 시기이고, 실제 홈페이지 학급 게시판을 활용하는 등의 활용도가 높다는 의견을 냈다. 즉 컴퓨터실이 두 개인 지금도 전 학년이 사용하기 모자라는데 1실을 줄이는 것은 안 된다는 의견이었습니다.

　다른 의견을 기다렸다. 기억으로는 잠시 침묵이 흘렀다.

　　"저도 컴퓨터실을 줄이는 것보다는 교무실을 줄이는 게 맞다고
　　　생각합니다.…… "

　발령받은 지 얼마 되지 않은 내가 일어나 발언을 했고, 그다음 무슨

말을 했는지는 정확히 기억이 안 나지만 그 이후 1~2명 선생님의 지지 발언이 있었다.

반대 의견이 두세 명 나오기 시작하자, 당시 교장 선생님은 회의를 급하게 마무리 짓고 끝냈다. 얼마 후 교무실이 절반으로 줄었다. 대의 적으로 교육활동 공간을 줄이는 것보다는 교무실을 줄이는 것이 맞다 는 의견이 명분을 얻은 것이라 생각했다. 당시 문제 제기한 선생님은 나를 만날 때 가끔 그 얘기를 한다.

신규교사가 그때 그랬다고. 그러한 교사를 '벌떡 교사'라고 한다는 것도 알려주었다. 지금 당시를 돌아보면 신규교사였고, 지금은 교장이 되었다. 신규교사가 대의에 동의했고, 용기 있게 한 마디 던진 것이라 볼 수 있겠다.

그러나 또 한편 이 이후에 일어난 일들을 살펴보면 조금은 아쉬움도 남는다. 교무실을 줄이면서 생긴 반을 '문제 제기한 선생님'이 사용하 셨고, 다음 해는 '다른 선생님'이 사용하시며 불편함을 여러 차례 호소 했다. 교무실에서는 옆 반 수업을 실시간으로 들어야 했다. 또 그 옆에 는 행정실이 있었으니 이런저런 불편함이 있었다.

떠들지 않는 것이 곧 생활지도였던 당시를 생각해 보면 그 반 아이 들도 참 힘들었겠다는 생각도 해본다. 만약 이러한 사실까지 알고 있 었다면 나는 또 어떤 선택을 했을까 생각해 본다. 또 다른 시각으로 내가 만약 그 당시에 그 교장이었다면? 그리고 그 문제가 지금 일어 난다면?

아이러니하게 실제 해밀에서 일어나고 있었다. 물론 똑같지는 않지 만, 해밀초에 일반교실이 부족하여 대안을 찾아야 하는 일이 작년에도 있었고, 내년에도 또 고민해야 한다.

먼저 문제 상황을 공유했다. 물론 사안에 따라 공유의 범위가 다른 데 가능한 관련이 있는 사람들에게 공유한다. 학교 선생님에게 공유하고, 학부모님에게 한 달에 한 번 쓰는 편지에 이런 문제 상황을 공유했다.

공유하는 이유는 문제 상황에 대해 관련된 사람들이 알고 있어야 공동의 문제가 되고, 공동의 문제는 공동으로 풀어야 하기 때문이다. 학교의 많은 일 중 '나의 일'이 되지 않는 이유 중 하나가 '어느 날, 갑자기' 떠넘겨지기 때문이다. 상황이 발생하는 첫 출발부터 함께 하는 것이 좋다. 현안 문제가 아닌 다른 일도 마찬가지다. 즉 공유를 시작으로 문제를 해결해야 한다. 만약 새로운 일이라면 '기획'부터 같이 하는 것이 함께 가는 길의 첫걸음이다.

공동 문제로 풀어가면 정말 새로운, 생각지도 못한 방안을 찾을 수도 있다. 각자가 가진 경험과 정보가 다르고 해결 방안이라는 것이 다른 방안과 직접적으로 연결되기도 하지만 연쇄적으로 문제 해결 방안을 찾을 수도 있다. 이것은 서로 공유되었을 때 가능하다.

우리가 할 수 있는 최선의 방안을 찾고, 그렇지 못할 때 서로 양보하거나 양보를 구해야 한다. 내가 힘이 없거나 잘 몰라서, 혹은 신규라서 양보하는 것이 아니라 그 상황과 맥락을 살폈을 때 내가 양보하는 것이 좋겠다고 판단하는 것이나 혹은 양보를 구하는 것이 좋겠다는 공감대 형성이 필요하다.

신규 발령 받은 학교, 그 당시 만난 교장 선생님을 다시 생각한다. 본인이 가진 경험으로 최선을 다했을 것이다. 그리고 당시 교직원 회의로 인하여 본인의 생각과 다른 방향으로 가게 된 것에 대한 마음에 상처를 받았을지도 모르겠다. 그 상처를 '문제 제기한 선생님' 탓으로 여기며 정리했을지도 모른다.

분명한 것은 좋은 모델이 되었든, 반면교사가 되었든 그 모습이 지금을 살아가는 사람들의 경험으로 축적되었고, 그 경험이 또 다른 일의 바탕이 된다. 나 역시도 그럴 것이다. 당시의 기억이 현재의 저를 만들었고, 지금 교장으로서 하는 역할이 누군가에게 좋은 영향을 줄 수도 있지만 반면교사로서 역할을 할지도 모른다. 세월이 조금 지나면 고리타분한 '꼰대'의 모습이 될지도 모른다.

그럼에도 지금, 여기, 사람들에게 집중해야 한다. 우리의 문제는 우리가 해결해야 하는데, 플랫폼이 교장이기 때문이다. 때로는 기쁘기도 하고 슬픈 일도 있다. 어떤 일은 하고 싶은 일도 있고, 하기 싫은 일도 있다. 그러나 그것은 개인의 감정이고, 학교를 둘러싼 누군가에게는 중요한 사안일 수 있다. 어떤 문제가 멈추지 않고 흐르기 위해서는 플랫폼이 필요하다. 그 플랫폼을 사용하는 사람은 지금, 여기에 있는 사람들이다.

자네 농구부 할 생각 없나?

농구부 얘기다. 당시 코로나19의 상황에 대한 경험이 쌓였고, 코로나19 백신 접종이 시작되었을 무렵이었다. 수업 시간이 아닌 쉬는 시간과 점심시간, 저녁시간에 스포츠활동이 조금씩 시작되었고, 가장 먼저 불이 붙은 종목은 배드민턴과 배구였다.

배드민턴은 방과후 활동으로 하는 친구들이 몇 명 있었고, 배구는 모두 다 처음이었지만 그동안 눌려있던 에너지 덕분인지 종일 뛰어다니기 시작했다. 좀처럼 다루기 힘든 배구공을 조금씩 손발을 맞춰가기 시작했다. 집중하는 아이들의 성장 속도는 놀라웠다.

여름 방학 때 강당을 개방하자 아이들은 아침 먹고 출근하여 점심을 거르고 배드민턴과 배구를 멈추지 않았고 한 친구는 등교하는 시간부터 배구공을 놓지 않기도 했다. 코로나19에서 소규모로 스포츠클럽 대회가 열렸고, 우리 아이들은 그 대회에 출전했다. 특히 배드민턴과 배구는 당시 수준급임을 확인하는 계기가 되었다.

다시 불붙은 아이들은 다시 팀을 조직하였습니다. 자율 동아리 모집 공고를 하자 친구들을 수소문하여 팀을 구성하였다. 순식간에 선수층이 매우 두꺼운 학교가 되었다. 덩달아 시너지 효과를 내며 운동장에는 축구하는 아이들과 플라잉디스크, 야구하는 아이들로 붐볐다.

이로 인해 처리해야 할 문제도 생겼다. 특히 강당 사용 시간 배정이 쉽지 않았다. 이른 아침 시간, 중간놀이, 점심시간, 방과후, 저녁 시간으로 나눴고, 강당 사용이 필요한 동아리 주장들의 협의를 통해 요일 배정을 받았다. 그렇게 해도 공간이 부족하여 동장님의 도움을 얻어 이른 아침 시간 해밀복합커뮤니티센터 체육관을 이용하기도 하였다.

스포츠클럽 대회 어디에서나 해밀초 이름이 불렸다.

"혁신학교에 대한 생각이 바뀌었습니다."

스포츠클럽 담당 장학사의 말이다. 작년에 비해 올해 스포츠클럽이 더 활성화되었고 그 중심에는 혁신학교가 있었다고 전해주었다.

"자네 농구부 할 생각 없나?"

작년 5학년 같은 반 친구 다섯 명이 농구하는 모습을 보고 스포츠클럽 선생님이 시설 주무관에게 농구 지도를 부탁했다.

항상 바지런한 움직임으로 이 넓은 학교 시설을 살피고 있어 대화를 나눌 기회가 거의 없고, 특히 아이들과의 접점은 더 드물었다. 시설관리에 전문가로만 생각했는데, 알고 봤더니 학생 시절부터 농구에 대한 관심이 많았고, 선수로 코치로 감독으로 활동을 하였단다.

다섯 명의 아이들에게 감독님이 생겼다. 결성한 지 얼마 되지 않은 시점에서 스포츠클럽 대회에 참여했다. 초등학생 수준에서 괜찮다 싶은 실력이라고 생각하고 출전했는데 막상 대회에 나가보니 상대편 선수는 모두 6학년이었고, 1년 차이는 생각보다 큰 실력 차로 나타났다. 상대 팀에 키가 큰 친구 한 명이 있으면 그 친구를 넘지 못했고, 덩치가 큰 친구가 있으면 또 그 친구를 넘지 못했다. 결과는 3전 전패.

'내년에 보자.'

그날 감독님은 큰 결심을 했다고 한다. 농구부 아이들은 다시 훈련을 시작했다. 감독님은 낮에는 학교 시설을 관리하고 저녁 시간에 짬을 내어 아이들과 농구 훈련을 했다.

아이들의 실력은 나날이 성장했다. 6학년이 되어 각기 다른 반이 되었지만, 같은 반처럼 농구공으로 팀이 되었다. 매너 있는 팀이었다. 으스대거나 하지도 않았다. 1년 사이 부쩍 자라 작년과 전혀 다른 팀이 되었다.

"아이들 실력이 장난 아니네요."

저녁에 농구를 좋아하는 해밀초 아빠들과 시합했다. 물론 아빠들과의 시합에는 체격과 실력에 조금 밀렸지만 기죽지 않았다. 훈련한 작전을 수행하기도 했다.

드디어 다시 스포츠 클럽 대회가 열렸다. 드라마 같은 경기를 펼치고 결과는 준우승!

"너희들은 해밀초에서 정말 멋진 이야기를 써낸 거야."

아쉬워하는 아이들을 격려했다. 작년에 전패에서 일어선 것처럼 한

게임 진 것으로 무너지지 않을 것이다. 앞으로 두고두고 초등학교 스포츠클럽에 농구 대회 이야기를 할 것이며, 시설 주무관 감독님에 대한 애기도 할 것이다.

무엇보다 의미 있는 건 아이들에게 농구로 인해 선생님이 생겼고, 감독님은 농구로 인해 제자가 생겼다는 것이다.

"예선 리그 끝나고, 결선 리그 생각 때문에 잠을 못 잤어요."

모든 경기가 끝나고 감독님이 남긴 말이다. 벌써 내년을 위한 선수 준비를 하고 있다.

6

표준화 교육을 넘어
개별화 교육으로

초등학교 6학년 해밀이의 월요일 일상을 상상하며

해밀이는 해밀초등학교 6학년이다. 월요일인 오늘은 수업이 총 6시간이며 오전에는 수학 2시간 사회 2시간이 있고, 오후에는 '지구별 원정대'라는 프로젝트 수업이 있다. 지구별 원정대 프로젝트는 환경을 주제로 여러 과목이 함께 들어간 수업으로 해밀초등학교에서 전 학년이 공통으로 하지만 주제는 모두 다르다.

지구별 원정대 프로젝트의 종류는 '물을 살리자.', '미세먼지 줄이기', '일회용품 대신', '하천 살리기' 등으로 10여 개 주제가 있는데 나는 8명의 친구들과 하천 살리기 프로젝트에 참여 중이다. 이 프로젝트에는 해밀온마을학교에서 환경 공부를 한 친구 엄마가 도우미 선생님으로 도와주고 있다. 나중에 이 프로젝트 결과에 대해 발표도 하고 전시도 해야 한다.

그리고 좀 더 공부하고 싶은 마음에 선생님과 상담하여 오후에는 환경과 관련한 방과후 수업 '재활용품 활용 생활 도구 만들기'에 참여하기로 했다. 알아보던 도중에 해밀동 복합커뮤니티센터에서 주민프로그램(해밀동 하천 가꾸기) 행사가 있다는 것도 알게 되었다. 그래서 어린이도 참여할 수 있는지 알아보고 가능하다면 참여할 생각이다.

이 로드맵은 '모두를 위한 교육'을 위한 장기프로젝트(5년)로 학교 선생님들과 논의하고 있다. 설계 과정으로, 향후 2020년 2학기, 2021학년도 1학기 동안은 다듬는 준비 과정을 더 가질 예정이다. 제대로 잘 작동되기 위해 서로의 공감대가 중요하며 이를 위해 해밀교육공동체 안에서 꾸준한 논의를 해나갈 것이다. 또한 무엇보다 성급한 성과를 위한 '서두르는 것'을 경계할 것이다.

1탄에서 말한 바와 같이 고도화된 지식정보화 사회인 지금은 지식과 정보의 양보다는 이 정보를 어떻게 구성하고, 고유한 콘텐츠를 만들어낼 수 있는지가 중요하다. 이러한 힘은 스스로 내 삶을 살아가는 데 도움이 될 것이다. 물론 향후 진로에서 '나만의 고유한 콘텐츠를 만드는 힘'이 미치는 영향이 매우 클 것이다.

평면적인 아이? 입체적인 아이!

열정적인 보건 선생님과 가볍게 대화를 나눈 적이 있다. 그 보건 선생님은 '몸 튼튼 교실(학생 다이어트 교실)'을 운영해야 하나 고민하고 있다고 했다. 주변의 많은 보건 선생님이 운영하고 있다고 했다. '내 역할을 하지 않음'에 대한 허전함이 있다고 했다.

“혹시 그런 프로젝트를 열어 성공했거나 성공했다는 성공 사례
　　를 들은 적이 있나요?”

없다고 했다. 그럴 것이라 예상했다. 왜냐하면 ‘다이어트’라고 하는
것이 쉬운 일이 아니기 때문이다. 그야말로 ‘아이’의 환경, 특히 부모님
과 선생님이 완벽한 협력이 이루어져야 그 가능성이 높아진다. 나아가
급식, 운동, 보건 등 여러 전문가가 협력한다면 훨씬 더 성공할 확률이
더 높아질 것이다. 그렇다고 성공이 보장되지 않는다. 보건 선생님과
‘사소하지만 작은 성공’이 필요함과 서로 신뢰를 기반으로 한 협력 관계
에 대해 한참 이야기를 나눴다.

이 정책은 정책보다는 하나의 ‘프로그램’이다. 하나의 프로그램이 유
행처럼 번져나가는 경우가 있다. 유행의 이면에는 ‘누구(옆집 아이, 옆
학교 등)는 하는데 우리(우리 집 아이, 우리 학교)는 왜 하지 않나요?’ 이
러한 ‘상대적인 결핍’이 있다. 이것은 의미를 담지 못하고 형식적 운영
이 되는 경우가 많다. 의미는 ‘스스로’ 담을 수밖에 없기 때문이다. 우
리는 우리 아이들에게 ‘의미’를 부여하고, 함께 하는 지원자가 되어야
성공(?)의 가능성은 높아진다.

‘아이’는 매우 입체적이다. 하나의 행동이 하나의 사건으로 인해 형
성되지 않는다. 즉 다시 말해 복합적이며 다양한 자극이 동시에 이루
어져야 한다. 핵심은 ‘아이’에 대한 적극적인 관심으로 협력하는 팀을
구성하여 진단하고, 진단한 결과를 바탕으로 교육과정을 운영하고, 개
선하고, 성찰하는 과정을 시스템으로 구축하는 것이다. 이 교육과정은
학습, 교우관계, 사회성, 적성, 개성 등의 전인적 측면으로 지원 체계
가 마련되어야 한다.

내용이나 형식이나 구조를 바꾸지 않으면 관성의 힘을 이기기 어렵
다. 구조에 변화를 주기 위해서 주어진 여건인 해밀교육단지의 공간적

특성과 현재 운영 중인 '학년군제'를 적극 반영할 필요가 있다.

> ※ 초등학교의 '학년군제'는 1·2학년을 저학년군, 3·4학년을 중학년군, 5·6학년을 고학년으로 묶어 학교의 상황(아이들의 흥미, 발달 정도, 공간적 특성, 교사 구성 등)을 고려하여 교과 및 창의적 체험활동 운영을 '집중 이수', '학년을 벗어난 교육활동' 등을 할 수 있도록 묶어놓은 제도로 이미 2009 개정 총론, 2015 개정 각론으로 제시되어 있다. 제도적으로는 훌륭하나 잘 적용하지 못하는 것이 현실이다.

해밀교육단지는 학교의 공간 범위를 넓힐 수 있는 조건이다. 예를 들어 우리가 수업한다고 하면 교실(특별실 포함), 복도, 운동장 그리고 벗어나도 학교의 울타리 범위 내를 말한다. 그러나 해밀교육단지는 그 울타리 자체가 다르다. 해밀유·초·중, 해밀동복합커뮤니티센터, 근린공원이 실질적으로 안전하고 다양한 수업이 가능한 물리적인 학교 울타리가 될 수 있다.

나아가 이러한 물리적인 환경을 바탕으로 확장되는 마을교육공동체의 모습은 무궁무진하다. 그래서 해밀교육단지는 마을교육공동체의 모습이 아니라 마을교육공동체의 모델인 교육마을공동체로 조성될 조건을 갖추고 있다.

해밀개별화교육과정이란?

특수학급과 영재학급에는 그 아이들을 위한 개별화교육과정이 있다. 각각 다른 특성을 가진 대상이지만 공통적으로 개별화교육과정이 운영된다는 점은 주목할 만하다. 다시 말하면 같은 과목 영재반 아이라도 각각 다르며, 다름을 바탕으로 한 교육과정을 운영한다는 것이다. 특수학급도 마찬가지다. 얼마나 현실적으로 교육과정이 잘 운영되는가에 평가는 다를 수 있지만 충분히 눈여겨볼 대목이다.

특수교육에는 개별화교육지원팀이 있다. 학교 관리자, 담임, 특수교사, 학부모가 기본으로 구성되어 아이에 대해 진단하고 그에 맞는 교육과정에 대해 협의한다. 영재교육에도 개별화교육지원팀이 있으나 현실적으로 활발히 운영하기는 어렵다고 한다. 대부분 일반학급의 담임교사가 영재학급을 맡고 있어 물리적인 시간이 어렵고, 특수학습보다 지원팀의 역할에 대한 기대가 크지 않다는 점도 있다.

하지만 영재학급에는 기본 공통이수 시간과 개별화교육과정을 위한 이수 시간이 있다. 예를 들어 총 100시간이 있다면 20시간은 기본 교육과정 공통이수 시간이며 나머지 80시간은 개별화 교육과정을 위한 팀별 프로젝트를 기획, 운영, 평가하는 시간이 있는 것이다.

이제 우리 아이들도 모두 개별화교육이 필요한 시대가 왔다. 개별화교육은 개별교육(혹은 1:1)과는 다르다. 그 아이가 가진 특성을 잘 살릴 수 있도록 공교육 내에서 개별화교육을 어떻게 실현할 것인가에 대한 고민이다. 담임교사의 물리적인 시간, 학급당 학생 수 감축, 개별화교육을 위한 다양한 지원(사람, 예산 등)은 절대적으로 필요하다. 그러나 이러한 부분들은 학교 단위에서 해결하기 어렵다.

그럼에도 현재 해밀교육단지에 들어간 해밀초는 시도를 해볼 수 있는 여지가 있다. 그것의 핵심은 교육과정 연구를 통한 '교육과정 운영 재조직'이며, 두 번째는 단단한 마을 교육이 중심이 되는 가칭 '해밀온마을학교'의 구성 및 운영이다.

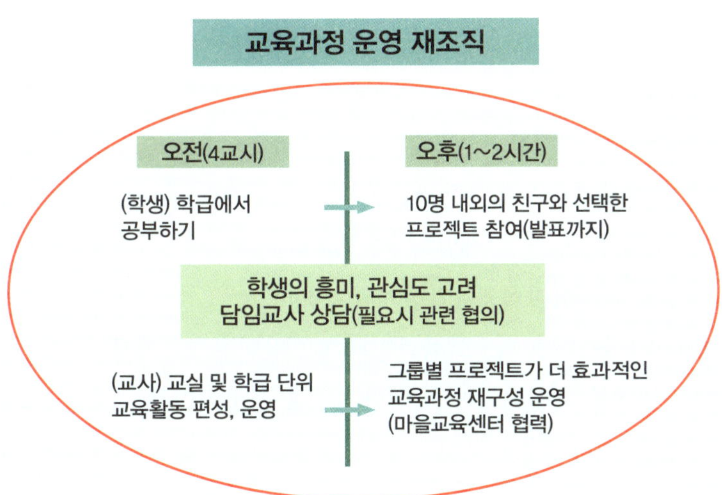

'학교와 마을이 결합한 교육과정 운영' 상상

학교에서 수업이 끝난 후, 아이들은 돌봄이나 방과후, 혹은 태권도, 피아노, 각종 교과 관련 학원에 간다. 아직 개청하지 않았지만 보통 주민센터에서는 복합커뮤니티 건물을 활용한 주민 대상 평생교육 프로그램을 운영한다. 흔히 수요를 조사하여 다수가 원하는 프로그램이 운영된다. 가정에서는 자녀가 어린 경우, 어린이집, 혹은 스스로 육아한다.

이러한 일련의 활동들이 배움을 쫓아가기도 하지만 맞벌이 등으로 인한 그야말로 '돌봄'이 필요한 경우가 많으며, 주민 자치 프로그램은 '수요'에 방점이 찍혀 있다. 말 그대로 각개전투가 이루어진다. 다시 말하면 거의 동일한 공간인 해밀동이라는 마을에서 각개전투를 치르고 있는 셈이다. 만약 서로 머리를 맞대고 전략을 세우고 협력한다면 '생각하는 삶을 위한 평생교육'으로 운영될 수 있다.

마을 속에서 이루어지는 평생교육 관련 프로그램을 모으고, 이를 좀 더 체계적으로 구성하는 방식이다. 마을의 평생교육 관련 정보가 집적될 것이다. '마을총회'등을 거쳐 철학을 세우고, 마을평생교육의 방향을 정하며 이에 따른 프로그램을 구성하고 운영하는 것이다. 학교와 주민센터가 협력하는 시스템으로 작동하면 자연스럽게 교육기관과 주민생활행정기관의 협력이 될 것이다. 이곳은 마을교육센터가 될 것이다. 여기에서는 가칭 '해밀온마을학교'라고 부르며, 여기에서 운영되는 과정을 '해밀온마을교육과정'이라 부른다.

좀 더 나아간다면 학교교육과정과 '해밀온마을교육과정'이 서로 협력하는 관계를 만들어내면 그 협력 지점을 통하여 '해밀개별화교육과정'을 훨씬 더 풍성하게 구성할 수 있을 것이다. 그 협력 지점을 이어준다고 하여 '징검다리 교육'이라고 부르며, 이 징검다리 교육은 학생의 적성, 흥미, 담임교사(필요시 학부모)의 의견을 종합하여 그룹별 프로젝트를 운영하는 시간이다.

– 예상되는 향후 일정 –

구분	2020년 하반기	2021년	2022년 이후
학교 교육과정	• 학교교육과정(학년군) 수립 • 학습공동체 문화 조성 • 학부모회 구성	• 학년군 교육과정 연구를 통한 프로젝트 운영 • 가능한 프로그램 시범 실시	• 개선 및 보완 확대
해밀 온마을 교육과정	• 20.9.1. 해밀 3개교 개교 • 유초중 협의회 운영 • 12월 학부모회 구성(예정)	• 해밀동교육마을협의회 확대(해밀3개교, 입주자대표, 주민센터 등) • 해밀온마을학교 준비모임(가능한 개교) • 마을교육총회 실시 • 시범프로그램 운영	• 개선 및 보완 확대

※ 입주자 구성은 11월 말 입주 완료 후 구성
※ 해밀동주민센터 완공은 2021년 6월 쯤 예정, 이후 개청 예상

물론 해밀유치원, 해밀초등학교, 해밀중학교가 함께 하고 있는 매월 1회 협의회를 활성화하고, 이 협의회가 마을교육과정과 연계하여 운영된다면 해밀학교만이 할 수 있는 말 그대로 '해밀교육마을'이 될 것이다.

유쾌한 상상의 조건

먼저 교육과정 연구이다. 이를 위해서 절대적으로 시간이 필요하다. 실제 2015 개정교육과정에는 '학년군'교육과정으로 운영하게 되어 있다. 학년군이란 1·2학년, 3·4학년, 5·6학년은 한 학년군으로 묶고, 함께 교육과정을 편성하여 운영하는 것으로 '선택과 집중', '수준과 흥미를 고려한 다양한 형태의 수업'이 가능하다. 하지만 '교과서', '학년별 성취기준'의 강력한 장애물과 오랜 '학년'단위로 운영되어 온 관성을 이기기 어려운 것이 현실이다. 행정적인 것은 행정으로 풀고, 관성은 동료들과 협력하여 푸는 수밖에 없다. 이에 따른 절대적인 시간이 필요하다.

두 번째는 지원이다. 학교교육과정의 재조직을 운영하는 것은 전면적으로 펼치는 것은 어려우나 '시범적'이나 일정한 기간을 정해 놓고 운영하는 것은 어렵지 않게 가능하다. 그러나 학교교육과정만으로 이 상상 속 미래 교육을 실현하는 것은 한계가 있다. 즉 '해밀마을교육과정'이 운영되어야 한다. 서로의 협력이 있어야 아이들에게 더 많은 지원을 할 수 있다.

즉 마을교육과정 운영을 위해서 학교는 학교대로 할 일이 있고, 교육청과 시청의 협력이 절대적으로 필요하다. 학교는 온마을교육과정을 위한 준비 과정으로 학교 내 업무 조직을 재정비할 것이며, 이에 교육과정 재구성 연구도 진행해 나갈 것이다.

온마을교육과정이 지속적으로 이루어지기 위해서는 시청과 교육청의 예산과 인력 지원이 필요하다. 그러나 현재 운영되는 범위 내에서 조금 더 확장되는 범위이므로 그리 큰 예산이 필요하지 않다. 중요한 것은 방향과 협력이다.

평생교육은 마을에서 이루어지는 것이 가장 효과적이며, 그 마을 총회를 통하여 평생교육을 정하고, 그 프로그램을 마을주민이 기획하고 운영하고 개선하는 과정이 곧 민주시민이며, 교육의 목표인 '민주시민 양성'과 '시민주권세종'에 맞는 세종시 철학과도 부합한다.

가장 필요한 것은 '서두르지 않음'이다. 당장 편한 것, 당장 쓰임이 있는 것, 당장 활용이 가능한 것을 찾다 보면 모든 것들이 '소비'된다. 사람도 소비되어 지쳐 멈추게 된다. 가능한 우리 마을을 위해 '기여'하는 보람을 바탕으로 지속성을 확보할 수 있게 서로를 '소비', '활용'으로만 보지 말고 건강한 마을을 만들고자 하는 마음으로 '함께 하는' 협력자로서 다가서는 마음가짐이다. 그래서 이 프로젝트의 이름을 5년 장기 프로젝트라고 부른다. 그중에 절반 이상은 협력자로서 서로 존중하고 배려하는 마음, 기꺼이 시간을 같이 보내는 마음일 수 있다. 서로 '협력자'가 되었을 때 가능한 일이다.

Ⅲ

위기 속에 빛나는 기회,
세종교육

코로나19는 우리가 만들어온 학교가 얼마나 허약한지 드러냈다.
전시 상황도 아닌데, 하루의 재량휴업조차 스스로 결정하지 못하는 학교였다.

해밀초가 지키고자 한 것은 '자존심 있는 학교'였다.
현장에 가장 가까운 교육공동체가
서로 협의하고, 존중하며, 결정하고 실행하는 학교.
물론 법과 제도 안에서 이루어져야 하지만,
학교의 일상까지 중앙에서 정해지는 구조에는 질문이 필요했다.

위기 속에서 해밀초는 정보는 투명하게 나누고,
결정은 학생·학부모·교직원이 함께하며,
책임은 학교장이 지는 방식을 선택했다.
이 과정에 갈등이 없었을 리 없다.
흔들리지 않고 피는 꽃은 없기 때문이다.

해밀초의 선택은 분명했다.
학교 안에서는 전문적학습공동체를 중심으로
교사 개인의 전문성과 학교 운영이 연결되도록 했고,
학교 밖으로는 마을과 손을 맞잡아
교육과 삶이 이어지는 길을 찾고자 했다.

규모가 큰 학교에서
학교와 마을이 함께 교육과정을 만들어가는 일은
공교육 안에서도 여전히 실험 중이다.
그러나 위기 속에서 해밀교육거버넌스는 증명했다.
함께 결정하고 함께 책임질 때,
학교는 가장 단단해질 수 있다는 것을.

1

아이들의 목소리로
이겨낸 코로나19[4]

코로나19 바이러스와 불안감, 두려움

우선 코로나19라는 위기 대응에 대한 진단이었다. 2020년 상반기 동안 다양한 사례를 통해 경험적으로 가장 두려워할 것은 '불안감'과 '두려움'이라고 생각했다. 여기에서 두려움은 감염에 의한 건강에 대한 염려, 그리고 그보다는 감염 혹은 전염이 되었을 때 집중되는 책임에 대한 문제와 사람들이 담 넘어 잘 알지 못해서 만들어내는 불안감이 만드는 두려움이었다.

솔직히, 개인적으로 가장 큰 불안감은 해밀에 있는 동안 코로나19가 끝나지 않으면 어떡할까? 모두 마스크를 쓴 상태로 만났다가 헤어지는 것은 아닐까에 대한 걱정이었다. 마스크로 상징되는 코로

4　유우석 외 23명 지음, 《새로운 학교의 탄생》(수류화개, 2024)에서 일부 인용하였다.

나19의 계속됨은 무슨 활동을 하든지 간에 '일정 거리' 둠을 의미했다.

먼저 가능한 정보는 공개했다. 물론 개인정보가 포함되어 있어 범위에 따라 공개 수준은 달랐다. 적어도 '코로나19대응팀'은 관련된 거의 모든 정보를 공유했다. 공유의 방식에서 최초 발견자가 교감-교장의 위계를 두지 않고 최초 정보를 입수한 사람이 단체 톡방에 공유하고, 논의하는 방식이었다. 대처할 때도 그 안에서 이루어지는 경우가 대부분이었다. 물론 교장으로서의 마지막 확인은 했다. 확인의 의미는 책임이었다.

그리고 두 번째 범위는 '작은 공동체의 장'과의 공유였다. 이 공개의 범위는 코로나19의 대응팀의 공개 범위와 별반 다르지 않았다. 다만 조금 더 정리되어 정리된 대응 방식까지 공유가 되었고, 장으로부터 교직원은 정보를 공유받는 형식이었다.

교직원은 업무상 취득한 개인정보를 보호할 의무가 있다. 해밀초의 교직원은 100명 정도인데, 모두 잘 지켜주었다. 그럴 것이라 믿었다. 정보의 불균형이 생겼을 때 이 정보가 새어 나가지만 같이 정보가 공유되면 모두 정보의 보호자가 됨을 믿었다.

학부모에게 공개할 내용 중 민감한 사항은 대응팀에서 논의했다. 예를 들어 감염 가능성이 있는 친구의 학년 반까지 공개할 것인가 말 것인가에 대한 부분인데, 처음에는 공개하지 않다가 공개하였고, 나중에는 반도 공개하였다.

코로나19의 감염 가능성 사례도 정말 다양했다. 다양한 사례를 크게 유목화시켜 대응하는 것은 가능했지만 사안 하나하나를 따지면 늘 선택의 연속이었다.

21학년도 교육과정을 계획하며 코로나19 이전의 일상으로 돌아갔다. 여전히 코로나19 감염위험이 있었지만, 그동안 누적되어 온 방역관리와 교육공동체의 신뢰가 있었기 때문에 가능했다.

'우리 학교는 방역과 교육 사이에서 교육을 선택했다.'라는 말을 남겼다. 이러한 선택을 할 때, 고민도 깊었지만 좋은 선택을 했다고 생각한다.

"우리 학교 너무 좋아요!"
"쉬는 시간이 길어요!"

코로나19로 인해 쉬는 시간이 줄었다. 동선 중복을 최소화한다는 의미이다. 보통 10분 정도의 쉬는 시간이 있으나 코로나19 상황에서는 5분, 그것도 반별로 달리하여 화장실을 다녀올 정도로 운영되다가 경험이 쌓이면서 쉬는 시간도 예전으로 돌아가고 있다. '마스크 쓰기', '코로나19의 증상 조기 발견'이 가장 큰 방역 원칙으로 자리 잡고 다른 교육활동은 원래대로 돌아가기로 했다. 당시로선 어렵고 큰 결정이었다.

쉬는 시간 중에서도 '중간놀이'라고 불리는 특별한 시간이 있다. 학교마다 다른 이름으로 불리기도 한다. 물론 없는 학교가 대부분이다. 이 시간은 보통 1·2교시를 연 차시로 한 후 가지게 되는 30분 정도의 조금 긴 쉬는 시간을 말한다. 실제 1·2교시 연 차시 후에 30분을 쉬는 것은 1교시 후에 10분씩 쉬는 것과 비교하면 10~20분 정도밖에 차이가 없다. 그러나 이 시간이 가지는 의미는 다르다. 교사 입장에서는 1·2교시 연 차시 80분 정도의 수업으로 설계하는 일은 생각보다 만만치 않다. 아이들이 80분 동안 집중하고, 의미 있는 활동을 위해서는 이른바 교사의 전문성이 절대적으로 필요하다.

보통 아이들의 쉬는 시간이 10분. 10분 동안 화장실을 다녀오기도 하고, 친구들과 어울리거나 개인 활동을 한다. 그러나 10분 동안 벌어지는 일을 보면 '뭔가를 하려고 하다가 멈춘 단계'인 경우가 많다. 예를 들어 다툼이 생겨도 감정이 해소되지 않은 상태에서 수업 시간이 된다. 즉 우리 아이들에게 '어떤 상황이 발생하고, 경험하고, 해결하는 과정'을 하지 못한다. 다툼이 일어나지 않아 좋은 것이 아닌가라고 생각할 수도 있지만, 언제, 어떻게, 왜 등에 대한 갈등을 이해하고 해결하는 경험은 매우 중요하다. 많은 전문가가 아이들의 성장발달에 가장 필요한 것은 다양한 경험이며 특정한 고급화된 경험이 아니라 일상적으로 경험하는 잡다한 경험을 하는 과정에서 상황 맥락을 이어주는 힘을 키워야 한다고 한다.

이 시간을 견디기 쉽지 않다. 아이들에게 주어진 시간이지만 못 견디는 것은 어른들이다. 사소한 다툼이 일어나고 이 시간을 해결하기 위한 에너지가 많이 들지만, 자칫 '무책임'으로 보일 수 있기 때문이다.

또한 부모님의 협력이 절대적으로 필요하다. 사소한 갈등이나 다툼이 일어날 수 있다고 머리로는 이해하지만 당장 '내 아이'의 문제가 되면 쉽지 않기 때문이다. 심지어 쉬는 시간을 '낭비'라고 생각하기도 한다.

자연은 진공을 허락하지 않는다고 한다. 삶에서 쉼이란 아무것도 하지 않음을 뜻하는 말이 아니라 나를 찾아가는 시간이다. 일상의 본질, 교육의 본질, 쉼의 본질을 생각하는 중요한 계기로 삼아야 한다.

우리가 등교해야 하는 이유

2020년 겨울방학을 앞둔 어느 날이었다. 기온이 낮아지며 코로나19가 다시 확산되었고, 가급적 등교를 추진했던 교육청도 부분 등교를 하라는 지침을 내렸다. 그 소식을 듣고 아이들이 교장실로 우르르 몰

〈 교장실에 붙인 벽보 '우리가 등교해야 하는 이유' 〉

려와 큰 도화지에 쓴 내용을 읽어 내려갔다.

"교장실 벽에 붙여놓으렴. 너희들이 생각했을 때 가장 잘 보이는 곳에,

  오래 붙여놓을 수 있는 곳에."

아이들이 쓴 이 벽보는 해밀초가 앞으로 나아가는 방향에 있어 중요한 방향키가 되었다. 학교에 나온다는 것은 단순히 출결과 교과서 진도의 의미가 아니었다는 것을 코로나19가 알려주었다.

당시 수도권에서 1학기를 마치고 전학 온 친구는 1학기 등교일수가 일주일 정도밖에 되지 않는다고 했다. 입학식을 제대로 하지 못한 1학년은 정체성을 유치원과 초등학생 사이에서 헷갈리고 있었다. 모두가 명확히 답을 내리지 못할 때 아이들은 '등교해야 하는 이유'를 알려주었다.

아이러니하게 21년 겨울, 다시 똑같은 상황이 벌어졌다. 다만 다른 상황은 '학교 교육공동체의 의견을 수렴하여 달리 운영할 수 있다.'라고 참고 표시가 되어 지침이 내려왔는데, 이번에는 여지없는 부분등교였다.

아이들이 벽보를 붙여놓은 마당에 그냥 물러나기에는 자존심이 허락지 않았다. 의견을 묻고, 연석회의를 통해 협의하고, 최종 학교장이 판단하겠다고 안내장을 내보냈다. 학교장의 권한을 행사하고 싶어서가 아니라 책임을 지겠다는 의미였다. 문제가 생겼을 때 '위원회에서 결정했다.'라는 말을 하고 싶지 않았다.

설문 결과는 놀라웠다. 학부모의 80% 이상이 전면등교를 원했고, 교사의 85% 이상이 전면등교를 원했다. 이 설문 결과를 연석회의에서 공유하고, 해밀초는 전면등교로 간다는 안내장을 내보냈다. 다행히 2주 남짓한 시간 동안 큰일 없이 지나갔다. 물론 2주 동안 마음이 편치는 않았다. 확진자 또는 밀접 접촉자가 발생할 때마다 긴장했다. 책임을 진다는 것이 이런 일이구나 싶었다. 놀라운 일은 이어 나타났다. 세종뿐만 아니라 전국 대부분 일정 규모 이상 학교들은 학급 졸업식을 하거나 온라인 졸업식을 했다. 우리 학교 6학년 선생님들은 강당에서, 부모님을 초대하여 많은 사람이 축하해주는 자리를 만들어 족히 500명 가까운 사람들이 모여 졸업식을 하였다.

"혹시 폐라도 끼칠까 봐 주말에 외출하지 않았어요."
"이런 상황에서 사람들이 모여 졸업식을 할 수 있다는 것이 혁명이 아닐까요?"

"이런 결정 어려웠을 텐데, 의미 있는 졸업식 만들어주셔서 고맙습
　니다."

졸업식을 마치고 졸업하는 아이들, 부모님들과 사진을 찍을 때 마스
크 넘어 전한 말이다.
어떻게 이렇게 큰 졸업식을 기획하게 되었는지, 걱정은 되지 않았는
지 이 졸업식 전체를 기획한 6학년 부장 선생님에게 나중에 물었다.

'학부모님들의 신뢰를 느낄 수 있었어요.'

여전히 교장실 유리 벽에는 당시 쓴 벽보가 붙어 있다. 그리고 비슷
한 벽보가 몇 개 더 붙어 있다. 아이들이 '우리가 매일 등교해야 하는
이유'라는 벽보를 유심히 관찰하고 쓴 다른 내용의 벽보다.
예전 전염병에 비해 훨씬 길었지만 언젠가 종식될 것이고, 그 시간
동안 학교 현장에 있는 우리는 어디에 있었을까 되돌아봤을 때 부끄럽
지 않았으면 하는 생각을 했다. 그 생각을 알려준 사람은 다름 아닌 아
이들이다.

학교장 편지

《긴급》해밀초 부모님께

코로나19 상황임에도 해밀초는 다양한 활동을 기획하고 운영하고 있습니다. 저는 그 활동에 대해 신뢰를 갖고 지지하고 있습니다. 8살이면 8살 때. 9살이면 9살 때 겪어내야 하는 과정이 있습니다. 그 과정은 스스로, 친구와, 선생님과, 부모님과 함께 해야 합니다. 아슬아슬한 순간들이 있었지만, 다행히 무사히 지내고 있습니다.

모두 애쓴 덕분입니다.

"코로나19의 확진 혹은 감염 사례는 나올 수 있으며, 그에 대한 책임은 학교장이고 그에 따라 다른 기관 혹은 지역사회에서 책임을 묻는다면 그것 또한 학교장의 책임입니다."

1학기 평가회 때 선생님들께 드린 말씀입니다. 또 중간놀이, 마을 참여 활동, 원수산 활동 등 다양한 교육활동 중에 안전사고가 벌어질 수 있습니다. 역시 '학교장'의 책임입니다. 열심히 하시는 선생님들이 불안함으로 교육활동에 위축이 되는 경우는 최소화해야 합니다.

2021년 7월 8일 목요일
해밀초등학교장 유우석 드림

학교장 편지

6월, 학부모님께 드리는 말씀

  얼마 전 '코로나19 이후 달라진 점은 무엇인가.' 많은 선생님이 공통으로 말씀하시는 부분이 있습니다. 첫 번째가 '친구들과의 관계를 어려워한다는 것'입니다. 예전과 달리 매우 사소한 문제가 갈등으로 나타나기도, 친구와 대화하는 것, 같이 어울리는 것을 어려워한다는 것입니다. 이것은 서로 어울리며 몸으로 배우지 않으면 '자기 것'이 되지 못합니다.
  첫 출발은 '가정'입니다. '과잉'과 '결핍'을 판단하는 가장 좋은 방법은 서로 '소통'하는 것입니다. 학교와 가정, 주변의 객관적인 판단, 전문기관 등의 지원을 받는 것이 필요합니다. 참고로 교장실은 언제나 열려 있음을 알려드립니다.

  또 하나는 문해력입니다. 읽을 수는 있으나 그 뜻을 해석하지 못하는 상황이 종종 발생한다고 합니다. 이는 영상에 익숙해진 세대에, 코로나19로 가속화된 부분이 있을 것입니다. 온라인에서 새로운 세상이 펼쳐지고 있지만, 우리 삶의 기반은 오프라인에 있습니다. 직접 서점을 가고, 책을 고르고, 책장을 넘기는 것 자체가 독서이며, 상황을 맥락적으로 파악하는 힘을 기릅니다. 즉 여정이 있는 경험을 함께 하기를 바랍니다. 당연히 이를 위해 학교에서 할 수 있는 것을 챙겨보도록 하겠습니다.

2021년 6월 15일

해밀초등학교장 유우석 드림

2

함께 난관을 극복하는
해밀초 공동체[5]

하나의 점으로

해밀초는 학생, 학부모, 교사가 함께 참여할 수 있는 과정을 만들고, 그 결정에 대해 존중하는 태도, 그리고 학교장인 나도 그 결정에 대해 존중하고 그 결정에 대해 책임도 함께 한다고 공식으로 인정하는 것이 중요했다.

그러한 경험은 코로나19에 빛을 발했다. 대규모 학교임에도 어느 학교보다 많은 등교를 했으며, 이때 대면 등교를 결정하는 과정을 미리 안내하고, 관련된 정보를 최대한 공개했다. 학부모는 학교를 신뢰했으며 교사는 현 단계에서 최선을 방안을 찾고자 노력한 결과였다.

위기는 있다. 걸림돌이 되는 난관도 있다. 하지만 그 공동체가 어떠

---

5   유우석 외 23명 지음, 《새로운 학교의 탄생》(수류화개, 2024)에서 일부 인용하였다.

한 공동체인지 아는 방법은 위기에서 어떤 과정을 거치는지, 그리고 난관을 어떻게 극복하는지 살펴보면 된다. 이번 9월 4일도 그런 날 중에 하나였다.

2023년 여름 방학이 시작할 즈음 서울 서이초 교사의 안타까운 사건이 교육계를 뒤덮었다. 민원에 시달렸다는 사회 초년생에 가까운 교사의 죽음은 많은 교사의 감정을 한꺼번에 훅 덮었다. 비슷한 상황을 내가 겪거나 주변이 겪는 것을 봤고, 그렇다고 뾰족한 대책이 없었던 '나'의 모습과 겹쳤던 것이다.

유난히 뜨거웠던 여름 한복판, 5만여 교사가 서울 한복판에서 몇 주째 집회를 이어갔다. 점으로 참여했고, 철저하게 비정치적인 구호를 내세웠다. 집회를 위한 자발적 모임에 순식간에 필요한 경비가 걷혔고, 집회 자원봉사자가 모여들었다.

8월 17일 개학했다. 여느 날과 다름없었고 겉으론 평온했다. 오후 두세 시쯤 한 선생님이 교장실을 찾았다. 9월 4일에 대해 '학교장 재량휴업일(이하 재량휴업일)' 포함해서 어떤 생각인지 물었다.

재량휴업일을 생각하지 않고 있었다. 무엇보다 물리적인 시간이 관건이었다. 8월 17일 개학, 9월 4일까지는 보름 정도의 시간이 남았고, 실제로는 2주 정도의 시간 동안 학교장 재량휴업일로 지정하는 것은 촉박하다고 생각했다.

또 마음에 걸린 것은 재량휴업일 지정으로 생기는 큰 문제가 있었다. 지난 코로나19일 때 '밀접 접촉자'가 발생하여 갑자기 원격으로 전환한 적이 하루 있었다.

크고 작은 혼란들이 이어졌다. 동네에 하루 종일 배달 오토바이 소리가 났다. 맞벌이 가정이 많고, 1,000명이 넘는 아이들이 다니는 학교라 다양한 사정이 있을 수 밖에 없다. 학교가 갑자기 쉬게 되면 생기는 문제였다. 미리 예고되어야 혼란을 최대한 줄일 수 있기 때문이다.

재량휴업일과 공감대 형성

다음은 공감대 형성이었다. '집회에 참여하는 것'이나 '추모를 하는 것'은 개인의 선택이다. 만약 재량휴업일을 하더라도 '집회 참석'이나 '추모 참석'을 염두하지 않았다. 각자의 몫이라고 생각했다.

하지만 현재 교사가 느끼는 감정, 연일 집회가 이어지고, 관련된 소식 속에서 살다가 갑자기 예전의 일상으로 돌아와 느끼는 괴리된 감정이 걱정이었다. 이러한 괴리는 교사 간에도 차이가 있었고, 학부모를 비롯한 교육공동체는 더더욱 그 차이가 크지 않을까 싶었다. 그 괴리를 메우는 것이 어쩌면 '재량휴업일'일 수 있다라고 생각을 했다. 해밀 교육공동체가 이러한 공감에 대한 동의가 필요했다.

하나씩 챙겨보았다. 먼저 영양 선생님, 방과후, 돌봄, 운영위원회 개최 가능 여부 등을 살폈다. 학년군(부)장을 만났다. 현재까지의 상황을 공유했다. 학년군장의 의견은 대체로 재량휴업일에 대한 동의였고, 더 많은 의견을 나눌 필요가 있다고 제안했다.

학년(부)장과 만났다. 지난 과정을 간단히 공유하고, 다음 주 월요일 다모임에서 의견을 나누자고 했다. 학년마다 약간의 차이는 있는 것 같지만 대체로 재량휴업일을 하자고 의견으로 모아지는 것으로 보였다.

재량휴업일 지정과 의견 수렴

설문을 마감했다. 설문 결과 '매우 공감'과 '공감'이 86.9%였다. '보통'에 답변한 가정도 10%정도 되었다. 서이초 사건, 교사 집회 등 사안에 대해 모르는 사람도 있고, 맞벌이 등에 대한 부담을 가졌을 가정 등을 고려하면 절대적인 지지였다.

이 설문 결과를 참고로 하여 연석회의를 했다. 아무래도 설문 결과가 절대적 긍정적으로 나와 큰 이견은 없었다.

반전은 따로 있었다. 학부모회에서 재량휴업일이 되었을 경우 어떻게 할 것인가에 대해 대안을 마련해 온 것이었다. 화요일 안내장이 나가고 바로 임시 대의원회를 소집하여 의견을 나누고, 재량휴업일을 대비한 공백을 메우는 프로그램을 가지고 온 것이다.

재량휴업일 지정에 대한 논의가 차곡차곡 진행되어 금요일 학교 운영위원회를 앞두고 있었다. 새로운 반전이 일어났다. 재량휴업일에 대해 부정적이었던 교육부의 공문이 SNS에서 떠돌기 시작했다. 정말 교육부에서 온 공문일까?

공문으로 접수하지 않았으나 교육부의 공문임은 확실했다. 그 공문에는 연가와 병가를 낸 교사에게 징계를, 재량휴업일을 한 교장에 징계를 한다고 하며, 최고 단계인 해임과 파면까지 가능하다고 했다.

'지금 학교는' 학교장 논평

퇴근 후에 글을 썼다. '지금 학교는'이란 이름으로 학교장 논평을 썼고, 알고 있는 언론사에 이메일로 보냈다. 학교장 재량휴업일 지정에 대한 판단은 교육공동체의 의견을 수렴하여 학교장이 하면 되는데 교육부에서 윽박지르듯 하면 안된다는 취지였다.

이날 인근 교장 선생님으로부터 전화가 왔다. 재량휴업일 지정에 대해 진행중인데, 걱정스러운 바를 얘기했다. 본인은 징계를 받아도 괜찮으나 다른 선생님들이 걱정된다는 것이었다. 그래서 재량휴업일을 지정하면 교장 선생님만 징계를 받을 수 있고, 다른 교사들은 괜찮다고 했다. 든든한 반면 또 어떤 학교는 재량휴업일 지정했다가 취소했다고 했다는 소식이 들려왔다.

학교장 논평 - 지금 학교는

'한 치 앞을 알 수 없다.'

SNS에서 본 글이다. 서이초 교사의 죽음으로 주말마다 집회가 열렸고, 그 집회를 9월 4일까지 이어나가자고 결의가 되었다고 들었다. 당시에는 이 결의라는 것이 정말 가능할까 몰랐을 것이고, 어쩌면 선언적인 의미가 있었는지도 모른다.

그 후 주말마다 집회는 이어졌고, 개학 후에 심리 상태는 그 연장선에 있었다. 학교장인 나도 그러한데 선생님은 더 그럴것이라 판단되었다. 그럼에도 하루가 멀다 하고 새로운 이슈가 이슈를 덮는 것이 일상 걱정은 사안을 바라보는 당사자인 교사와 일반 시민의 인식 차이가 크고 공감하지 못할 것이라는 우려도 있었다.

개인적으로 이 사안을 바라보는 관점은 복잡하며 크게는 동의를 하지만 어떤 사안에 대해서는 논의가 필요하다고 생각하고 있다. 하지만 어떤 일도 시작되고, 진행되고 작은 매듭을 짓는 과정이 필요하다. 학교장으로서 교육공동체가 마음을 다스리고 저마다의 가진 부채 의식을 조금이라도 내려놓고 다시 출발하는 계기가 되었으면 하는 마음을 가지고 있다.

개학 후 바로 부장 선생님들과 얘기를 나누고 교사 전체 모임에서도 의견을 나누었다. 그리고 학부모의 의견 수렴을 하고, 교육 3주체 연석회의를 하고 지금은 운영위원회를 남겨두고 있다.

놀라운 것은 학부모의 의견 수렴 중 취지에 공감하고 긍정적으로 응답한 비율이 85%가 넘었다는 것이다. 어쩌면 나와 비슷한 마음이었는지는 모르지만 적어도 '추스르는 계기'는 필요하다고 생각하지 않았을까 짐작해본다. 우리 교육공동체를 위해서 낫다고 판단한 모두의 집단지성의 결과이다. 나아가 연석회의는 인근 학교의 상황을 살펴봐도 80% 이상의 학부모가 동의했다고 한다. 어떤 정책이나 프로그램이 80% 이상의 동의를 받은 적이 있는지 기억나지 않는다.

8월 24일 오늘, 세종시 교육감은 입장문을 통해 '전국의 여러 학교에서 재량 휴업 실시를 결정했고, 이 과정에서 대다수 학부모가 공감과 지지를 나타냈다는 설문조사 결과는 사회적 공감대를 확인할 수 있는 대목'이라며 정당한 주장을 존중하고 교사들을 보호하고 지키는 일에 주저함이 없도록 하겠다라고 밝혔다.

공교롭게도 딱 반대 방향의 오늘 교육부 공문이 SNS에서 돌았는데 '학교의 재량휴업일은 비상재해와 같은 긴급한 상황이 아니면 학기 중에 새롭게 지정할 수 없으며'라고 밝히고, '휴가(연가)' 사유에 해당되지 않음을 밝히며 '법과 원칙'에 따라 엄정하게 대처하겠다라고 밝혔다.

같은 상황에서 다른 판단의 상황에서 현장은 갈피를 못 잡는다. 전화가 오고, SNS는 뜨겁다. 어떻게 해야 할까? 고민하고 망설이고, 갈팡질팡의 소리가 요란하다. 교무실에 갔더니 '해밀초는 어떻게 하기로 했냐?'라고 여기저기에서 물어본단다.

물론 아직 학교운영위원회가 남아 있다. 중단없이 진행할 것이다. 결과를 존중하고 기꺼이 따를 것이다. 이건 학교 구성원, 교육공동체의 의견을 수렴하고 이 과정을 밟아왔는데 무효라고 할 수는 없다. 해밀교육공동체가 함께 해결한 문제다.

초중등교육법 시행령 제47조 ② 학교의 장은 비상 재해나 그 밖의 급박한 사정이 발생한 때에는 임시휴업을 할 수 있다.

'그 밖에 급박한 상황'은 판단에 따라 다를 수 있다. 판단은 학교의 장이 할 수 있도록 되어 있고, 그 과정에서 교육공동체의 의견을 수렴하고, 운영위원회 심의 후 실시할 수 있다. 학교 구성원, 특히 직접 수업을 담당하는 교원의 절대 다수, 학부모의 80%, 정확하게 86.9%가 재량휴업일로 정하는 것에 공감하고 동의하는데 못할 이유가 어딨을까?

아쉽고 안타깝다. 우리는 정답이 없는 시대, 정답을 만들어가는 시대를 살고 있는데 그래서 그 교육공동체가 머리를 맞대고 스스로 안전한 공동체,

신뢰받는 공동체로 위기를 넘어서려고 하는데 충분의 여지가 있음에도 '법과 원칙에 따라 엄정하게 대처하겠다.'라고 한다. 살아 숨 쉬는 학교가 아니라 꼼짝 말라는 학교가 되라고 윽박지르는 것처럼 보인다. 지금 학교에서 보기엔 그렇다.

'지금 학교는'이란 논평을 인용식으로 보도가 된 곳도 있고, 오후에 있을 운영위원회가 끝나고 통화를 하자는 언론사도 있었다. 한 언론사는 공식적으로 재량휴업일 이름을 드러낸 학교는 해밀초 밖에 없다며 연락을 했다.

마침 또 금요일 오전에 학부모회 회장이 입장문을 냈다. 운영위원회를 앞두고 낸 입장문에는 해밀교육공동체를 신뢰하고 있으며 공백이 생기면 우리가 메우겠다라는 취지의 글이었다. 한 선생님을 만났는데 글을 봤냐고 물어보았다. 그때는 몰랐다. 전국적으로 화제가 될 줄이야.

오후에 학교운영위원회 심의가 마무리되었다. 회의록을 작성한 행정실 주무관이 회의록을 꼼꼼하게 읽어보라고 했다. 괜찮다고 했다. 퇴근 무렵에 재량휴업일 지정에 따른 학사일정 변경에 대한 가정통신문을 내보냈다.

주말이 뜨거웠다. 학부모회장님이 쓴 입장문이 온라인커뮤니티를 타고 전국에 돌았다. 충남에 있는 지인으로부터 연락이 왔고, 주변 사람들로부터 입장문 캡쳐본이 다시 나에게 되돌아왔다. 학부모회 회장은 스승의 날이나, 학기말쯤에 편지 형식으로 감사를 표했고, 그것을 학부모 밴드에 올려놓기도 했다. 이 입장문도 마찬가지였는데, 학부모회 밴드를 넘어 전국에 퍼진 것이다. 의도하지 않았지만 이 입장문은 교사 집회에서 학부모회의 지지를 받는 집회로, 시민단체가 함께 결합하는 중요한 메시지였다.

남은 것은 일주일을 버티는 일이었다. 중심이 흔들려도 흔들리는 것이고, 중심부를 뺀 나머지 모두가 흔들려도 흔들리는 것이다. 전국에서 많은 학교가 재량휴업일을 지정했다가 철회하는 과정에서 연가, 병가에 대한 징계가 수면 위로 올라왔다. 각 시도에서는 교육감이 교육부 방침을 수용하기도 하고, 다른 입장을 가지기도 했다. 가장 전면에서 교육부와 다른 입장을 편 곳은 세종시교육청이었다. 더 정확하게 말하면 세종시 교육감이었다.

슬며시 교장실 앞을 지나가며 나와 눈을 맞추는 선생님도 있었다. 괜찮냐는 물음이었다. 또 교육청에서도 재량휴업일에 대한 상황을 물어보았다. 진심으로 걱정하는 것이다.

아마 이때쯤으로 기억한다. 학부모회 회장이 교장실을 다녀갔다. 재량휴업일 취소하면 안되냐고 했다. 왜 그러냐고 물어봤더니 교육부에서 징계한다는 것을 이제 알았다고 했다. 눈물을 보였다.

교육청 고위관계자가 재량휴업일을 지정한 학교 교장에서 전화를 한다는 소문이 돌았다. 소문은 아니고 당사자에게 직접 들었다. 그날 오후에 전화를 받았다. 정중하게 재량휴업일을 철회달라는 전화였다. 그럴 수 없다고 했다. 세종시에서 재량휴업일을 지정 예고한 학교 중 일부가 재량휴업일을 철회했다. 복잡한 마음과 많은 고민이 있었을 것이다. 안타깝고 아쉬웠다.

2023년 9월 4일 월요일은 평범했다. 평소 방학보다 아이들이 적었다. 9시 쯤에 학교를 한 바퀴 돌았다. 돌봄 교실에 서너 명의 아이들이 보였다. 총 200여 명(전교생 1,080명)이 학교에 올 예정이었다. 돌봄뿐만 아니라 방과후도 있으니 한꺼번에 200여 명이 있지는 않을 것이다.

방송사 두 곳은 일찌감치 학교에 와서 촬영했다. 교장실에서 기자를 맞이했다. 설정은 없었다. 물어보고 답하는 것이 전부였다. 저녁에 교육부 장관이 징계를 종합적으로 검토하겠다고 했다. 한발 물러선 것이다. 아직 더워 땀으로 흠뻑 젖었다. 집으로 돌아와 쓰러져 잤다.

다음 날, 다모임을 했다. 다시 사회를 봤다. 그동안 소회를 밝혔다. 고비가 있었다고 했다. 그리고 선생님들의 이야기를 들었다. 울컥하는 선생님도 있었고, 후배에게 미안하다는 선생님도 있었다. 나에게 짐을 지운 것 같아 미안하다는 선생님도 있었다. 아무도 원망하지 않고, 변명하지 않게 되어서 좋다고 했다.

'학교와 마을' 이 방점이 되어 운영

오후 늦게 '9월 4일' 관련 징계는 그 자체를 언급하지 않겠다고 했다. 징계 국면은 끝났다.

9월 4일 인터뷰 했던 영상들이 떠돌아다녔다. 온라인 커뮤니티에서 돌고 있는 글을 캡쳐해 보내주었다. 어떤 이는 교육공동체가 만들어가는 미래학교라고 했고, 어떤 이는 해밀초를 바라보는 이가 많을 것이라고 했고, 어떤 일은 이번 사안에 있어 세종시뿐만 아니라 전국 많은 학교의 방패가 되었다고 했다.

우리가 만들어온 학교가 이렇게 허약하다는 것을 실감했다. 전시 상황도 아닌데 재량휴업을 하루도 어쩌지 못하는 학교였던 것이다. 자존심 있는 학교, 현장 가장 가까운 곳에서 만나는 교육공동체가 서로 협의하고, 존중하고 결정하여 실행하는 곳이 학교여야 한다. 물론 법률에 의한다. 하지만 누가 봐도 '학교장 재량휴업일'을 교육부 장관이 정할 일은 아니지 않나.

누군가 물었다. 이 과정에서 내적 갈등은 없었냐고. 없었다고 했다. 조금 정정하고 싶다. 어느 시인의 말처럼 '흔들리지 않고 피는 꽃'이 어디 있을까.

교사 ─ 전문적학습공동체 ─ 학교 ─ 마을 ─ 지역 ─ 국가 정도로 확대시

켜볼 수 있다. 어느 부분에 방점을 찍느냐에 따라 학교의 운영 틀은 달라질 수 있다. 예를 들어 교사 개인에 방점을 둔다면 교사 개인의 역량에 중심을 둔 교육과정이 운영될 것이다.

해밀초는 학교 내부를 바라본다면 전문적학습공동체가 방점이 되어 개개인 교사와 함께 하는 동시에 학교 운영에 적극적으로 관여하는 방식이다. 해밀초 외부를 바라본다면 '학교와 마을'이 방점이 되어 운영되고 있다.

현재 공교육에서 실험적인 부분임은 분명하다. 혁신학교에서 마을교육공동체로 확장시켜나갔지만 많은 난관 속에서 작은 학교 중심으로 일정한 성취를 만들어가고 있다. 하지만 규모가 큰 학교에서 학교와 마을이 함께 교육과정을 중심으로 만들어가는 길을 내고 있는 것은 쉽지 않다. 해밀초는 지역교육거버넌스를 기반으로 학교교육과 마을교육이 함께 가는 길을 찾고 있다. 위기에서도 해밀교육거버넌스는 빛났다.

IV

해밀교육마을,
도시형 교육공동체의
새로운 모델

해밀교육마을은 학교와 마을이 분리된 공간이 아니라
하나의 교육공동체로 작동할 수 있음을 보여준 사례다.
이는 프로그램의 확장이 아니라
교육의 주체와 책임 구조가 재편된 변화였다.

해밀초에서 배움은 교실을 넘어 마을의 삶과 연결되었다.
아이들은 질문하고 탐구하며 배움의 의미를 체감했고,
학부모와 주민은 교육과정의 참여자가 되어
교육을 '공동의 책임' 으로 받아들였다.
그 과정에서 교육의 공공성은 강화되고,
사교육 중심 구조를 완화할 가능성도 드러났다.

또한 해밀교육마을은
공동체성 회복과 민주주의의 일상화를 이끌어냈다.
주민총회와 협의 과정은
아이들에게는 살아 있는 민주주의 수업이 되었고,
어른들에게는 생활 속 정치와 협력의 경험이 되었다.
행정과 지역을 잇는 중간지원조직은
이 실험이 일회성에 그치지 않도록 버팀목이 되었다.

물론 이 모델은 아직 완결되지 않았다.
전문 인력의 부족, 재정의 불안정, 참여의 편차라는 과제가 남아 있다.
그럼에도 해밀교육마을은 분명한 메시지를 남긴다.
미래 교육의 해법은 학교 안에만 있지 않으며,
도시 속 마을교육공동체는 충분히 하나의 대안이 될 수 있다는 것이다.

해밀교육마을은
완성된 답이 아니라,
확장되어야 할 가능성으로서
도시형 교육공동체의 새로운 길을 보여주고 있다.

1

학교의 방향을 잡아
다시 길을 잇다

해밀초, 그 새로운 학교의 탄생

해밀초와 그 주변은 학교 개교와 아파트 입주가 동시에 진행될 계획이었다. 하지만 긴 장마와 코로나19 등으로 인해 공사가 지연되었다. 학교는 9월 1일에 맞춰 개교했지만 공사가 채 마무리되지 않았고, 아파트는 한 달 정도 입주가 미뤄졌다.

9월 개교를 했지만, 코로나19의 한복판이었기 때문에 임시 운영에 가까운 방식이었다. 코로나19의 확산 여부에 따라 학사 일정 변동이 심했다. 점심 식사를 선택 여부로 두고 수업을 단축하여 운영하였다.

돌아보니 학교의 방향을 잡는 중요한 시간이었고, 이때 해밀햇살교육과정의 기초가 만들어졌다. 개교 학교에서 아이들을 안전하게 데리고 있는 것이 목표였고, 2학기 개교 학교라는 명분으로 별도의 계획을 크게 세우지 않았다. 오히려 비움이 채움의 시간으로 전환되었다.

학교 교육과정의 틀을 만들기로 했다. 오후에는 여러 선생님과 얘기를 나눴다. 개별화교육지원회의를 몇 번 하며 이러한 협의의 의미를 찾았고, 영재교육에 관심 있는 선생님에게는 전체-소그룹-전체로 이어지는 팀별 학습에 대한 의미를 찾았다. 학교의 수업에 있어서 학년군, 학년, 팀 단위에 대한 고민과 발달심리학에 근거한 연령별 교육과정을 보완하는 방법, 방과후와 돌봄이 가지는 의미 등을 담아 간담회 형식의 대화를 이어 나갔다.

그리고 학교와 마을을 이을 수 있는 교육과정에 시간을 두고 사람이 협력할 수 있는 플랫폼도 필요했고, 학부모회와 학생회가 들어갈 수 있는 공간도 필요했다.

12월쯤 지역 신문에 현재의 해밀과 미래의 해밀에 대한 기획 기사를 내보냈다. 그때 제목이 '새로운 학교의 탄생'이었다. 그 교육과정 그림 속에 '마을교육지원센터'라는 조직이 상상으로 들어가 있다. 이는 '소담마을인생학교'보다 발전된 조직이었다.

'해밀교육마을협의회' 협의체의 시작

입주한 지 몇 달이 지났을 무렵 아파트입주자 대표회의가 구성되었다는 얘기를 듣자마자 관리 사무소로 전화했다.

"이번에 해밀초 교장으로 온 유우석입니다. 인사도 드릴 겸 입주자대표님과 통화를 하고 싶은데요."

당연히 관리사무소에서는 개인정보라고 알려줄 수 없다고 하였고, 내 번호를 남겼다. 잠시 후 연결되었고, 전화 통화뿐만 아니라 그날 교장실에서 만났다.

"해밀유·초·중·고 원장 교장 선생님과 함께 정기적으로 협의를
하는데, 같이 하시면 좋겠는데 어떠신지요?"

옆 단지 입주자대표회의 대표에게도 같이 연락을 하여 합류하였고
이후 해밀동주민센터가 개청한 후 동장과 주민자치회장이 결합하며
해밀동 7개의 교육, 행정, 생활 기관(조직)이 함께 '해밀교육마을협의
회'라는 협의체를 꾸렸다.

재밌는 것은 20년 하반기 상상했던 '마을교육지원센터'가 22년 교육
감 선거 공약으로 들어갔고, 23년 관련 조례가 제정되었고, 23년 하반
기 공청회를 거쳐 24년 6월 위탁 공모 계획이 내려왔고, 공모에 당선되
어 '해밀마을교육지원센터'가 운영 중이다.

공동대표제로 하되 일 추진을 위해 상임대표를 두고 상임대표 기관
에서 실무 대표를 두기로 하였다. 즉 상임 대표는 나였고, 실무대표는
김현진 선생님이었다. 앞으로 협력적 관계를 만들기 위한 과정을 겪어
야 하겠지만 책임 있는 기관들이 협력하는 협의체를 구성하였고, 학교
는 이에 맞는 교육과정을 설계하고 학교 조직도 이에 맞추었다.

남은 일은 사람을 찾는 일이었다. 학부모 동아리, 학부모회, 협동조
합, 아버지회뿐만 아니라 각종 위원회 등을 통하여 사람을 찾는 일이
중요했다. 당연히 교사들도 중요했다. 함께 손발을 맞출 함께 하는 시
간이 필요했다. 지난한 일이다. 과정에서 상처 입고 상처 입히는 것도
안다.

해밀초도 그러했다. 그 안에서 버텨내는 사람들이 있다. 아주 넓은
의미에서 함께 하지만 가끔 나와 다른 사람인데 나름의 의미를 찾아
영역을 구축하는 사람들이 있다. 그들을 좋아한다.

해밀초의 미래를 설계할 때 '학교'와 '마을', '학년군제'가 주요 키워드였다. 그리고 어디선가 들었던 머릿속에서 흩어져 있던 단어와 문장을 모으기 시작했다. 모으는 과정에서 여러 사람들을 만났다. 물어보고, 제안하고, 의견을 구했다.

학교교육과정을 오전학교로, 마을교육과정을 오후학교로, 오전과 오후가 만나는 징검다리 팀 프로젝트를 구성했다. 마을교육과정을 오후학교로 설정한 이유는 오후에는 활동적이고, 학교 안에서만 머물지 않았으면 하는 바람을 담았다. 그리고 징검다리 팀 프로젝트는 중간교육으로 썼는데 교감 선생님이 '징검다리'라고 읽는 바람에, 그 명칭이 좋다고 여겨 아예 '징검다리'시간이 되었고 나중에 '징검다리 팀 프로젝트'라는 이름을 갖게 된 것이다.

마을교육과정은 아이를 중심으로 한 '정규 수업 시간 이외의 모두'를 생각했다. 그리고 그 활동들을 좀 더 세심하게 지원하면 좋겠다는 의미를 담았고, 여기를 챙기는 기관을 가상으로 '마을교육지원센터'를 둔 것이다.

이런 구조에는 영재교육에서 하는 전체−소집단−발표의 단계를 위해 오전학교는 학급단위, 징검다리 팀 프로젝트는 팀 단위로 오후학교는 개인 단위로 선택할 수 있도록 했다. 물론 징검다리 팀 프로젝트 안에서도 전체−소집단−발표로 이루어지는 구조를 가진다.

또 특수교육의 개별화교육지원회의의 구조가 들어가 있다. 한 아이를 위해 통합학급 담임, 특수교사, 교장(감), 부모님과 함께 아이에 대한 충분한 얘기를 나누고 목표를 설정하는 방식이다. 즉 해밀초의 교육과정 구조에 따르면 오전학교에는 담임이, 징검다리 팀 프로젝트에는 프로젝트 지도사가, 오후학교에는 각 선생님이 있다. 즉 필요한 경우 아이와 관련된 여러 어른들이 함께 논의하고 필요한 대안도 찾는 방식인 셈이다.

이런 논의들은 영재 교육에 관심 있는 선생님과 특수 교육에 관심 있는 선생님과도 얘기 나누며 고쳤다. 얼추 구조가 만들어지고 이 의미를 담을 이름이 있으면 좋겠다는 생각을 했다.

하루는 저녁에 천변을 따라 길을 걷다가 다시 이름을 짓기에 빠져 들었다. 많은 어른들이 아이를 지원하고, 아이는 혼자가 아니라 많은 어른이 있음으로 해서 따뜻함을 느낄 수 있는 것을 교육과정에 담을 수 있을까. 수많은 생각이 꼬리에 꼬리를 물었다.

햇살교육프로젝트

'햇살'

문득 떠오른 단어였다. 아침에 해가 떠오르면 직접 비추지 않는 곳까지 밝아온다. 그리고 따뜻함도 온다.

햇살과 해밀과 교육과정과 프로젝트를 연결시켰다. 햇살프로젝트? 햇살교육과정 프로젝트? 해밀햇살프로젝트? 이렇게 이름을 짓고 보니 '햇살'이라는 이름이 가진 의미를 알게 되었다. 대부사업을 하는 '햇살론'이 있는데 왜 햇살로 했는지 다시 생각하게 되었고, 음료수 '아침햇살'에서 햇살은 따뜻함과 새로운 힘을 주는 것을 의미한다는 것을 알게 되었다.

'햇살'이라는 이름이 마음에 들었다. 하지만 유치한가라는 생각도 동시에 들었다. 다음날 학교에서 가서 여러 선생님에게 '햇살'이름은 어떠냐고 물어보았다.

해밀햇살프로젝트에서 지금은 해밀햇살교육과정이란 이름으로 정착하였다. 그 과정에도 많은 분들의 의견을 보태주었다.

용어 안내

'햇살'이라는 이름은 비 온 후에 갠 하늘이란 뜻이다. 해밀의 맑은 하늘의 이미지와 햇살이 들면 주변이 모두 환해지고 따뜻함이 감도는 느낌처럼 해밀초에서 추구하는 교육이 소통과 관심, 배려와 협력을 바탕으로 이루어지는 실질적인 체계를 만들자는 의미를 담고 있다.

입체적인 아이는 한 인물의 성격과 특성이 단순하지 않고 복합적인 인물을 뜻하는 '입체적 인물'이라는 문학적 용어에서 차용했으며 이는 아이들이 단순하지 않고 매우 복합적이며, 복합적이라면 그에 대한 바라봄, 진단, 처지 등도 그러해야 하며, 이는 아이를 중심으로 많은 사람이 함께 지원해야 한다는 의미를 담고 있으며, 한 아이를 기르기 위해 온 마을이 나서야 한다는 의미와도 통한다.

학년군제(학년군장)는 2007년 대통령 자문 교육혁신위원에서 제안한 것으로 2009 개정교육과정에 반영되었다. 초등학교는 1·2학년군, 3·4학년군, 5·6학년군으로 나누어 학년군 내에서 활동이 가능하도록 열어두었으나 현실적으로 적용하기 쉽지 않다. 국가수준 성취기준, 학년별 교과서, 초등의 학년 중심 운영이라는 오랜 관행을 깨는 것은 쉽지 않다. 그래서 시기적으로 10년 이상 되었으나 현재 학교 교육과정─국가수준교육과정─에 표로만 존재하고 있는 편제이다. 학년군제는 연령별 발달심리학에 근거하여 연령별로 배워야 하는 '학습'이 있다는 기준에서 출발하였다. 그러나 학습 속도가 연령과 다를 수도 있으며, 개인의 흥미, 관심 등을 고려해야 한다는 개별화 교육에 접근하기 어려운 실정이다. 따라서 학년군제는 학년군별로 교육과정을 재구성하는 능력과 교육공동체의 동의를 기반으로 하여 내용, 인사, 예산까지 함께 동반되어야 시도를 해볼 여지가 생긴다. 그리고 이를 책임 및 총괄하는 사람이 학년군장이다.

교육과정재구성은 교육과정을 다시 구성하는 것을 말한다. 가르치는 순서를 재배열하는 수준부터 다른 과목과의 결합, 시간의 변화, 사람의 변화(가르치는 사람), 공간의 변화 등을 포함하는 매우 복잡한 단계의 재구성도 있다. 이는 교과서라는 표준화된 교재가 있으나 여러 가지 상황을 고려하여 분절된 내용을 통합하거나 연속된 과정으로 구성하여 '지금' '여기' '아이'에게 가장 배우고 익히기 적합한 형태로 가르치고자 다시 구성하는 것을 의미한다.

프로젝트 학습은 어떤 주제에 대하여 계획-실행-평가의 일련의 과정을 연속적인 흐름 속에서 과제를 수행하는 것으로서 어떤 주제에 대해 심층적으로 파악하거나 그에 따른 문제해결 능력, 종합적인 판단 능력을 기르는 것에 적합하며, 수행 방법으로는 문헌조사, 토론, 체험 등 매우 다양하게 실행할 수 있으므로 문제 발견, 실행, 해결 과정에서 자기 주도성, 자주성, 창의성을 기를 수 있다.

개별화교육은 '고유한 그 사람'을 인정하고 그것을 존중하고 발현될 수 있도록 교육적으로 지원하는 것을 말한다. 개별화교육은 개별교육 (1:1)과 구분지어야 한다. 개별화교육의 방법으로 개별교육을 활용할 수 있으나 개별화교육은 '공동체 속에서 소중한 개인'을 인정하자는 의미로 해석될 수 있고, 여기에 교육적 의미를 두고 그 실현방법을 찾는 교육방법이다. 다만 근래 개별화교육의 넓은 범위로 개인화교육이라는 용어가 등장하였다. 개별화교육이 '교육'에 방점을 두었다면 개인화 교육은 '교육을 포함한 사람됨'으로 확장한 개념이다.

프로젝트 지도사 과정은 기초, 심화, 역량 과정이 있다. 참여가 세상을 바꾼다. 참여의 방법은 여러 가지가 있으나 프로젝트 지도사는 가장 적극적인 참여 방법의 하나이다. 가르치는 사람 중심에서 배우는 사람 중심으로, 나에게 배움을 주는 사람은 선생님이다. 크게 드러나지 않을 수 있지만 공동체에 기여하는 선생님을 말한다. 프로젝트 지도사는 유치원, 중학교, 고등학교, 해밀마을에서도 역할이 주어질 가능성 높다.

2

작은 공동체를 통한 모두의 참여,
해밀초의 이해

작은 공동체를 통한 모두의 참여

교직에서는 '작은 공동체'를 '전문적 학습 공동체(이하 전학공)'라고 부른다. 물론 작은 공동체뿐만 아니라 다수가 모인 것도 전학공이라고 부르니 서로 완벽히 같은 말은 아니다. 작은 공동체는 '소중한 나'가 모이는 공동체를 말하며 이 공동체는 주제와 목적에 따라, 동일 학년 등 행정적 상황에 따라 구성된다.

작은 공동체를 통하여 '서로 다름이 장애물이 아니라 서로의 도움이 되며, 함께 논의하며 '아하!'의 경험하며 소속감 속에서 작은 성취를 경험할 수 있다. 그 역할에 따른 예산과 내용, 인사와 의사결정에 대한 권한이 있다.

무엇보다 작은 공동체의 구성 목적, 방법, 실행까지 모두 '학교'교육'이라는 울타리 안에 있는 공공재로서 역할이며, 이는 '내 생각이 틀릴 수 있다.'라는 전제에서 출발한다. 즉 공사를 구분하고 스스로 경계를 하는 성찰의 중요한 도구가 될 수 있다.

주요 작은 공동체(협의체)

구분	이름	내용	참여대상
교육과정 운영회	교육과정 기획	학교교육과정	교장, 교감, 행정실장, 부장교사 등
	학년(군)마실	학년(군)교육과정 기획 · 운영 · 평가	동학년(군)
	교직원 다모임	전체 의견 나눔	전교직원
교사회	교사 다모임	교사자치	교사회
	교사 동아리	교사 동아리	교사회
학생회	학생 다모임	학생자치	학생회
	학생 동아리	자율동아리	학생회
학부모회	학부모 다모임	학부모자치	학부모회
	학부모 동아리	학부모 동아리	학부모회
연대기구	연석회의	자치기구 협의 (교육과정 전반)	학생, 학부모, 학교(교사) 대표
	학교운영위원회	학교교육과정 심의	학교운영위원회 위원
	교육과정평가회	1,2학기 교육과정 평가	학교, 학생, 학부모
	교육마을협의회	학교 마을협의	해밀학교, 1,2단지, 주민센터

경쟁보다 협력

2017년 한국개발연구원, 광주과학기술원 설문조사에 따르면 대학생들의 고등학교 이미지를 인식한 결과로 80% 이상이 고등학교를 '사활을 건 전장'이라고 생각한다는 것으로 나왔다. '함께하는 광장' 이미지가 12% 남짓, 거래하는 시장의 이미지가 6% 남짓 나왔다.

전쟁은 승자와 패자가 있는 곳이다. 전쟁에서 승자는 '전리품'을 패자는 '패배감'을 합법적으로 가지는 곳이며, 승자는 자신들이 가지는 혜택(?)은 당연한 것으로 여긴다. 더 슬픈 것은 '패배감'을 가진 패배자도 승자가 가지는 전리품을 당연하게 받아들인다는 것이다. 왜냐하면 싸움에서 스스로 진 사람이며, 그에 따라 당연한 처분이라는 것이다.

경쟁을 통해 이기고, 이긴 사람이 우월하다는 것, 우월한 사람이 열등한 사람을 관리(?)하는 것이 당연하다고 생각하는 것을 넘어야 한다. 특히 사회적 삶을 시작하는 초등에서부터 사회가 만들어놓은 경쟁에서 이긴 사람이 우월한 존재, 열등한 존재라고 인식되도록 해서는 안된다. 모든 개인의 삶이 존엄하며, 그 삶을 누리는 삶을 살도록 도와 줘야 한다.

일상에서도 그러했지만, 특히 코로나19라는 세계적 팬데믹 상황에서도 '원래 힘들었던 사람이 코로나19 상황에서도 위험하고 힘들었다.'라는 것이다. 상황에 따라 격리(자택 등)가 비교적 편했던 사람과 어쩔 수 없이 노출되어야 했던 사람은 코로나19 이전과 이후가 같다는 것이다. 위험의 종류가 달라졌을 뿐.

드러난 문제에 대한 해결은 쉽지 않다. 여러 복합적인 요인이 복합적으로 얽혀 있기 때문이다. 그러나 문제를 인식했다면 인식한 곳부터 무엇인가 해야 한다. 즉 해밀초는 해밀초에서 할 수 있는 일을 찾아 해야 한다.

안전을 위한 안전?

코로나19 백신 접종에 대해 손익을 따지는 것을 본 적이 있다. 예를 들어 55살의 경우, 코로나19에 걸릴 가능성과 그 위험성이 높은지 혹은 백신을 접종하고 그 부작용으로 후유증이 있을 가능성과 돌파 감염의 가능성을 따졌을 때 백신을 맞는 것이 더 효과적이라고 한다. 그러나 연령대가 낮아질수록 그 효과도는 점점 떨어진다고 한다. 예를 들어 20대가 코로나19 감염으로 중증도 위험에 빠지는 경우는 거의 없기 때문에 백신의 효과는 미미할 수도 있다고 한다. 그러나 더 범위를 넓게 보면 얘기는 달라진다. 그 20대가 백신을 맞지 않음으로 생기는 지속적인 감염이 가져오는 위험도는 또 다른 위험이기 때문이다.

벽을 세우고, 자물쇠를 잠그는 것이 안전한가? 다시 이 물음을 생각해볼 필요가 있다.

"위험하니 자전거를 타고 등교하지 못하게 하는 것은 어떨까요?"

그럼, 안전할 것이다. 당장은 안전하게 보일 수 있다. 그리고 그에 대한 책임도 덜게 된다.

자전거가 사회적으로 권장하는 이동 수단이다. 그렇다면 더 안전하게 타는 방법이나 규칙 등을 익히는 것이 필요하다. 그것이 아이에게는 몸으로 익히는 더 안전한 것이며, 사회적 규범의 역할 속에서 공식적으로 배우는 것 또한 안전망 중 하나다.

우리 학교에는 봄마을 놀이터가 있다. 주로 1·2학년의 공간이나 점심 시간대가 다른 3·4학년 아이들도 자주 이용을 한다. 여기에 3~4명이 탈 수 있는 흔들 그네가 있다. 인기도 좋고, 뒤에서 밀어주면 1인 그

네처럼 높이 올라간다. 그래서 위험하다. 아찔한 순간도 있었다.

> "봄마을 놀이터에서 사고가 날 뻔했습니다. 특히 흔들 그네는 아이들에게 인기도 좋아 자리다툼도 있고, 경쟁이 되어 위험합니다."

이런 논의가 이어지면 가장 먼저 나오는 것은? '금지'일 가능성과 '흔들리지 않는 흔들 그네'를 만들자는 의견이 나올 것이다. 잘못되었다는 것이 아니라 왜 우리는 뭔가 문제가 생길 조짐이 생기면 '금지'할까.

코로나19 상황속에서 교육활동은 위축되었다. 뭔가 시도하려고 하면 '만일의 경우'에 어떡할 것이냐는 물음부터 나온다. 생각해보면 이 '만일의 경우'는 진짜 만일의 경우를 대비한 일종의 보험 같은 것이다.

> "봐. 내가 그때 그랬잖아."

말한 책임의 무게. 안전이라는 공공성에 대한 책임이 아니라 '말한 책임'을 묻는 것은 아닌가 생각해본다.

적어도 안전은 막고 폐쇄하는 것으로 보장되는 것이 아니라 주변에 '나(아이)'를 바라보는 사람이 많을수록 안전하다. 특히 그중에 아이를 보면 인사하고 이름을 불러주는 것이 안전의 첫걸음이다. 그에 대한 책임을 묻는 것보다 장기적으로 '아이의 삶'에서 안전이 무엇인가 들여다봐야 한다.

원래 학교는 갈등이 일어나는 곳이 아니라 일어나야 하는 곳

학교는 현재에 존재하지만, 과거와 미래가 공존하는 곳이다. 전통을 배우고, 미래를 설계하는 곳이기 때문이다. 이 연속성은 매우 자연스러울 수도 있지만 때로는 무엇인가를 버려야 새로운 것을 얻는 과정이 만들어지기도 한다.

학교에는 다양한 주체가 있다. 교직원이 있고, 학부모가 있고, 학생이 있다. 그리고 지역사회, 행정청도 있다. 다양한 주체와 기관이 만나는 장소에 어떻게 한 방향으로만 물이 흐를 수 있을까.

“같은 방향을 바라본다!”

혁신학교를 경험하며 많이 들었던 말중에 하나다. 사실, 참 의미 없는 말이라고 생각한다. 그럼에도 이러한 말이 힘을 발휘하기도 한다. 보이지 않는 일종의 연대 의식을 만드는 그런 것이다.

같은 방향인지 아닌지는 보는 상황에 따라 다를 수 있다. 높은 나무 높이만큼 떨어져 보면 제각기 가는 것처럼 보이지만, 저 구름만큼 저 달만큼 떨어져 보면 같은 방향으로 가고 있을지도 모르는 일이다. 만약 우주에서 지구를 바라본다면 다 같은 곳을 향해 가지 않을까?

다시 말하면 굳이 ‘같은 방향을 바라본다.’라는 명제에 매이지 말자는 것입니다. 그리고 갈등을 새롭게 바라보았으면 한다. 갈등 방향을 바라본다면 갈등은 ‘낭비’가 된다. 그러나 다름에서 나오는 당연한 일이라고 생각하면 또 다른 생각이 된다. 찬 공기와 더운 공기가 만나 비를 내린다. 이 비가 때로는 재난을, 때로는 단비가 되기도 한다. 어느 학교는 ‘폭력 제로’라고 홍보를 한다. 폭력을 좁게 정의하여 그것이 없는 학교라고 생각할지 모르지만 어느 조직, 어느 기관, 어느 모임에서 갈등이 없을 수가 있을까. 다만 공조직이라면 적어도 갈등이 생겼을 때 내가 어떻게 해야 하는가를 알 수 있도록 하는 것이 필요하다. 그리고 우리가 그 갈등을 냉정하게 바라보고 갈등의 전·중·후를 함께 살펴보고 그것을 진단하고 해결하는 과정을 만들어내는 것이 학교의 역할이다. 이러한 상황들은 살아가는 내내 겪어내야 하는 일이다.

아이들은 앞으로 수많은 갈등을 겪을 것이다. 내 삶도 그러했고, 우리의 삶 모두가 갈등의 연속이었고, 갈등을 이겨내기도 하고 좌절을 겪기도 했다. 만약 내 아이의 갈등을 내가 해소한다면 내 아이는 앞으로 일어나는 조그만 갈등도 힘들어할 것이다. 마치 갈등은 백신과 같다. 어느 순간 그에 맞는 백신이 없을지도 모른다.

문제 해결

앞서 말한 바와 같이 문제는 생긴다. 사람과 사람 사이의 문제가 있을 수 있고, 안전사고로 인한 문제, 코로나19로 인해 생기는 문제 등 다양한 문제가 있다. 그중에서도 사람과 사람 사이의 문제는 논리적인 문제보다 감정적인 문제에 더해 아이 사이의 문제를 넘어 어른들의 감정싸움으로 이어지는 경우가 많다.

'내 아이의 문제가 아닐 경우는 이성적으로 판단하지만 내 아이의 문제가 되면 감정적인 문제가 된다.' 이런 말은 내 아이에게 문제가 생기지 않았을 때 통하는 말이지 실제 내 아이의 문제가 되면 '쓸데없는' 소리에 불과하다는 것을 경험적으로 안다. 그럼에도 강조할 수 밖에 없다. 다행인지 모르겠지만 해밀초에서는 크게 문제가 된 경우는 없었다. 그러나 마치 영화를 보여주기 전에 '대피로'를 안내해주는 것과 같은 목적으로 말을 한다.

5월, 편지

- 생략 -

향후, 안내장을 통해 나가겠지만 학교는 혼내고 처벌하는 곳이 아닙니다. 물론 그러한 상황이 올 수 있지만, 그것이 목적처럼, 혹은 한쪽의 주장으로 그렇게 되어서는 안 됩니다. 우선 담임 선생님과의 상담을 통해 해결하는 것이 가장 좋습니다. 담임 선생님에게 보여주는 신뢰가 필요한 이유는 '그것을 아이들이 보고 배우기' 때문입니다. 적어도 해밀초 선생님들 모두 훌륭하게 '합리적으로 판단할 수 있는' 분들이라 말씀드릴 수 있습니다.

그럼에도 학급(년)내로 상담 및 협의로 조정이 되지 않을 경우 1. 양쪽의 입장을 충분히 듣는 시간을 가질 것이며 2. 학교장 주재 하에 상황을 아는 교직원 다수와 양쪽 보호자(부모님)와 대면을 할 것이며 3. 그러한 자리를 통해 조정이 되면 4. 후속 조치(사과하는 자리를 만든다거나 필요한 경우 상담 진행 등)를 취할 것입니다. 5. 만약 조정이 되지 않으면 학교의 손을 떠날 수밖에 없습니다. 최선을 다할 것이지만 더딜 수 있으며, 모두 만족하지 못할 수 있습니다.

우리는 갈등을 통해 배웁니다. '다름'이 있기 때문에 갈등이 있지만 '다름'이 있기 때문에 '고유한 그 사람(아이)'입니다. '다름' 사이에서 새로움이 생깁니다. 갈등은 없어야 하는 것이 아니라 슬기롭게 극복해나가야 하는 성장판으로 활용해야 합니다.

2021년 5월

해밀초등학교장 유우석 드림

글쓰기는 중요하다. 자신을 표현하는 매우 적절한 수단 중 하나일 뿐 아니라 스스로를 성찰하는 도구로서, 혹은 글쓰기 그 자체로서 힘을 가지기도 한다. 또한 글쓰기를 잘하는 사람은 어떤 직업을 가지더라도 글쓰기를 잘하는 사람은 나름의 역할을 차지할 가능성이 높다.

다른 사람을 배려하는 사람은 인정을 받는다. 똑같은 말을 하더라도 배려가 있는 사람의 말은 힘이 있다. 배려하는 마음이 태도로도 고스란히 드러나며 어떤 직업을 가지더라도 배려심이 깊은 사람은 사랑을 받는다.

1회용품을 사용하지 않으려고 애쓰거나 전기를 아끼려 실천하는 사람은 아름답다. '자연을 사랑하자'라는 구호가 아니라 삶 속에서 실천하는 것은 쉬운 일이 아니다. 코로나19라는 감염병을 겪으며 우리는 방역의 주체가 곧 생태의 주체가 되어야 함을 알게 되었다.

이러한 일들은 더 나은 직업(?)을 선택(결정)한 다음에 할 수 있다고 한다. '대학에 가면 얼마든지 놀아도 되니까 지금은 참아.' 내가 돈 잘 버는 직업을 가진 후에도 글쓰기를 할 수 있고, 다른 사람을 배려하는 사람이 될 수 있고, 지구를 지키고자 애쓰는 환경지킴이가 될 수 있다는 것이다. 즉 좋은 직업을 선택한 후(이것을 현실 배움) 가치로운 일을 수 있다(이상 배움)라는 것이다. 부끄럽지만 학교에서도 '공부를 잘하는 아이'는 왠만한 잘못은 굳이 문제 삼지 않았던 경험도 있다.

돌아보면 현실 배움과 이상 배움의 괴리는 더욱 컸으며 지금은 그 차이를 좁혀가고 있다. 지금 교육과정 속에서 얘기하는 '삶 속에서 배움'이라는 말은 삶 속에서 배움 현실 배움으로서 역할을 한다는 것이다. 또한 예전의 '이상 배움'이 정말 이상이었다면 이제는 '이상 배움'이 '현실 배움' 가까이 오고 있으며 학교에서는 '앎과 삶의 일체화', '교(육과정)수(업)평(가) 일체화'라는 말을 사용하고 있는 것이다.

그럼에도 아직 갈 길은 멀지만, 이것 또한 코로나19가 앞당겼다. 이제 생존의 문제이기 때문이다. 공부만 잘하면 된다고 어지간하면 용서받았던 아이가 골방에서 공부하다 '고시'를 패스하여 바라본 세상은, 다른 사람들과 부대끼면서 좀 더 나은 세상을 위해 실천했던 사람이 바라본 세상은 다를 것이다.

다시 돌아와 여전히, 앞으로도 기초기본학력은 중요하다. 그 기반을 토대로 확장될 것이다. 학교는 그것을 놓치지 않기 위해 다양한 방법을 구안해야 한다. 그것이 학교의 역할이고 교사의 역할이고, 어른(부모를 포함한)의 역할이다.

해밀은 우리(나)에게

2021년 8월 대한민국 세종특별자치시 해밀초등학교에 있는 것은 '운'일까? 운칠기삼이라고 정말 7할은 운이라고 생각한다. 내가 이리저리 궁리하여 얻은 것을 아무리 따져봐도 3할이 되지 않는다. 단순하게 가장 큰 운은 내가 여기 있었고, 오기 전에 만난 사람이 있었고, 또 지금 여기에서 사람을 만났다는 것이다.

해밀에서 함께 하는 선생님께

2014년, 벌써 지금부터 7년 전입니다. 당시 허허벌판 세종시에 '캠퍼스형 고등학교' 설립 정책연구를 하는데 국내 유수의 건축가, 고등학교 교육과정 전문가들이 관심을 가지는 겁니다. 어쩌다 기회가 되어 옆에서 지켜보게 되었습니다.

"외국에는 비슷한 형태의 고등학교가 있다. 앞으로 더 나은 고등학교를 만들 수 있다. 강남 혹은 특목고 중심의 고등학교 지형에 금을 낼 수도 있다. 참여하고 싶다."

참여한 한 전문가의 말이었습니다.

'무엇이 되고 싶은가'보다 '무엇을 하고 싶은가'에 대한 설렘을 느끼는 계기였습니다.

지금 해밀에 있습니다. 여전히 그러한 설렘을 안고 있습니다. 그리고 지금 선생님들과 같은 학교에 있는 것이 우연인지, 필연인지 모르지만 분명 운명이라 생각합니다.

다르게 태어나기도 했고, 살아온 경험과 환경이 다르니 각자 원하는 바, 꿈꾸는 모습도 다를 수 있습니다. 공통점은 '좋은 선생님'이 되고 싶은 마음이 다 자리 잡고 있다는 것이 함께 할 수 있는 가장 큰 힘이라고 생각합니다.

여러 통로로 듣는 말 중에 무엇보다 '해밀 선생님은 다 좋다.'라는 말을 종종 듣습니다. 아주 기분이 좋습니다. 가장 중요한 '선생님'에 대한 신뢰의 표현이라고 생각하기 때문입니다. 짧은 시간 종종 만나는 아이들도 그러합니다. 지역사회를 포함한 학부모와 아이들의 자부심 있는 표정을 보게 됩니다. 덕분입니다.

대단한 운명은 아니지만 세종특별자치시-해밀동, 2020년대, 여기 사는 사람들이 해야 하는 것, 하필이면 이곳에서 세종시-교육청이 합작하여 이러한 학교를 지었고, 우리가 여기에서 만난 것은 '특별한' 운명이라고 생각합니다.

해밀에서 만난 선생님과 새로운 학교를 만들고 싶습니다. 물론 생각의 방향이 다를 수 있습니다. 언제든 환영합니다. '열린 교장실'을 만들고 싶은 데, 마음대로 되는 것이 아니라는 것을 느낍니다. 그럼에도 찾아주시면 정성껏 맞이하겠습니다.

생각해보면 우리는 항상 어떤 대상을 모방하거나 그 대상을 보고 배우는 것이었습니다. 선진국을 쫓아가는 개발도상국. 선진국을 쫓아가는 문턱의 그런 학교 말고, 우리가 하는 '어떤 것'은 누군가가 앞서 밟은 것이 아닌 우리의 힘으로 시도해보는 것이었으면 합니다.

시행착오도 있을 것입니다. 해보지 않은 것은 많은 사람의 거부감이나 기존처럼 하자는 집단 관성이 작용할 수도 있습니다. 민주적인 문화, 자율, 협력 등을 먼저 교직 문화에서 실천하자고 하는 것은 그것이 아이들에게 본보기가 되기 때문입니다. 시행착오, 도전에 대한 자세도 그렇지 않을까 생각해봅니다. 그래서 '자존심'이 있는 학교면 좋겠습니다.

업무팀 체제로 되며 결재판이 거의 사라졌습니다. 결재판은 그 자체가 수직적인 관계를 만드는 의미를 담고 있습니다. 물론 학교도 행정기관으로서 그러한 위계가 필요한 경우도 있습니다. 그러나 학교는 교수학습기관으로서 '결재판'과 같은 수직적인 관계 대신에 역할에 대한 존중과 배려가 필요합니다. 담임교사의 역할, 부장의 역할, 교장의 역할, 교감의 역할, 행정실의 역할 등 다양한 역할이 있습니다. 물론 존중과 배려라는 것이 상대적이긴 하지만 서로 공통의 경험을 쌓으며 만들어갔으면 합니다.

'경쟁과 관리' 대신 '협력과 공유'를 지향하고자 합니다. 전쟁에서 이긴 자는 전리품을 찾는다고 합니다. 전리품은 어디서 오는 걸까요? 모든 것을 협력으로 풀어가지 못할 수 있습니다. 그래도 우리 문화 속에 흐르는 것은 '협력'이었으면 합니다.

학교, 교실, 교사는 공공재입니다. 공공재는 공공의 관리(?)를 받습니다. 그것이 '각종 평가'의 이름으로 오기도 하고, '감사'의 이름으로 오기도 합니다. 지금은 '공유'로 전환하는 시도가 일어나고 있습니다. 큰 단위로는 각종 포럼, 세미나, 콘퍼런스 등이 있고, 학교 내에서는 OO나눔, OO공개, 수업짝 등이 그것입니다. '공유'가 '관리'보다 더 불편하게 다가올 수 있습니다. 그럼에도 '관리'보다 '공유'를 지향했으면 합니다.

마지막으로 민주주의, 민주적 문화입니다. 완벽한 제도도 없습니다. 오히려 많은 부분 불편하게 하기도 합니다. 내 의견이 반영되지 않는 경험을 더 많이 합니다. 극단적인 예이지만 99% 안전한 코로나19 모범국이라도 해도 1%의 공백에 내가 있다고 생각되거나, 그러한 상황에 있다면 나에게는 100% 안전한 국가가 아니라 생각하기 마련입니다. 그래도 노력해야 합니다.

짧은 경험이지만 문제와 그 해결은 '너, 혹은 그들'에게 있지 않고 '나' 혹은 '우리'에게 있구나라고 알아가는 것, 그것이 민주적 문화를 만드는 과정이라 생각합니다.

우리는 '다름'을 갈등이라고 여겨왔습니다. 아마 그러나 '다름' 속에서 다져지는 문화는 새로움과 미래를 맞이하는 힘의 바탕이 될 것이라 믿습니다. 올해는 '다름'을 각자의 방법으로 받아들이는 시간이 되었으면 합니다. 더 깊고, 더 넓은 민주주의를 지향하는 학교가 되었으면 좋겠습니다.

내일은 '스승의 날'입니다.

'스승의 날'에 이렇게 편지를 보낼 수 있어 좋습니다. 지금껏 별로 옆을 살피며 살지 못했습니다. 노력하겠습니다.

– 해밀초등학교 유우석 드림

이러한 편지를 보낼 수 있는 것 자체가 행복이다. 같이 함께 가고자 하는 일이 공공성을 띄고 있다는 것이고, 공공성을 띄고 있다고 해서 누군가에게 공식적(?)으로 말할 수 있는 통로가 있는 것은 아니다. 그 통로가 있음이 감사한 일이다.

공교육의 정상화는 곧 끊임없는 새로운 학교로의 변화

혁신은 변화다. 더 구체적으로 말하면 '변화할 수 있는 힘이 있는가.' 가 혁신적이냐 그렇지 않느냐는 판단 기준이 될 것이다.

변화할 수 있는 힘은 어디서 오는가. 리더다.

그것이 협력, 공유이며, 협력과 공유의 기본 단위는 작은 공동체이며, 작은 공동체 간의 협력과 공유가 변화할 수 있는 조직을 만들며, 이러한 변화가 가능한 조직을 만드는 핵심 중 하나는 리더의 역할이다.

작은 공동체의 리더, 작은 공동체간의 네트위킹하는 리더, 이러한 총체적인 조직을 구성하고 혁신을 촉진하는 리더가 필요한 것이다.

세종특별자치시는 국토균형발전을 위하여 '행정수도'이전이라는 큰 국가적 프로젝트로 만들어진 도시다. 관습법에 의한 위헌 결정이 났지만 행정수도로의 역할을 일부 담당하고 있을 뿐만 아니라 국회 분원 설치 등 향후 그 역할이 점점 커질 가능성이 매우 높다.

즉 국가 정책의 모델 기능으로서의 역할 가능성이 높고 교육 종사자로서 유초중등교육의 모델욕심을 내는 것은 '공공'의 목적과도 부합할 뿐더러 의미 있는 일이다.

해밀은 깃발이다. 물리적인 공간과 그 안에서 살고 있는 학생, 학부모, 주민 그리고 해밀학교 교직원과 해밀동주민센터 등이 그 역할을 할 것이라고 믿는다.

3

도시형 마을 교육공동체(해밀교육마을)의 새로운 모델의 탄생[6]

해밀마을의 공간적 특징과 설계 철학

2012년 7월 1일 출범한 세종시는 국가균형발전을 목표로 조성된 행정도시로, 처음 기획 단계부터 교육과 생활, 행정과 복지가 긴밀히 연결되는 새로운 도시 모델을 지향했다. 그중 2020년 9월, 아파트 입주와 함께 문을 연 해밀동은 세종시청, 세종시교육청, 행복청, LH(한국토지주택공사)가 함께 설계한 공간으로, 세종시 최초로 '복합커뮤니티단지' 개념을 도입한 곳이다. 아파트 단지와 유치원, 초등학교, 중학교, 고등학교가 한 자리에 모여 있으며, 복합커뮤니티센터, 도서관, 체육관, 공원, 주민 문화시설이 유기적으로 배치되어 있다.

이는 단순한 공간 배치가 아니라, 학교와 마을의 경계를 허무는 의

6　교육트렌드 2026 집필팀, 〈대한민국 교육트렌드 2026〉, 2025.10.20, ㈜에듀니티교육연구소.

도적 설계였다. 전통적 학교가 높은 담장과 폐쇄적 건축으로 외부와 단절되어 있었다면, 해밀동의 학교 건물은 개방적이고 낮은 구조로 지어졌다. 건축가 유현준이 참여한 설계는 '스머프 학교'라는 별칭으로 불리는데, 작은 집들이 마치 마을 안에 모여 있는 듯한 친근한 모습 때문이다. 아이들은 교실에서 나오면 곧장 마을 놀이터로 향할 수 있고, 주민은 도서관을 찾았다가 자연스럽게 학교 운동장을 지나치곤 한다. 물리적 설계가 공동체성을 회복하게 하는 촉매제가 되고 있다.

개교 준비와 민주적 문화 형성

해밀초등학교는 2020년 9월 개교와 동시에 자율학교로 지정되었으며, 예비혁신학교로 첫걸음을 내디뎠다. 개교 준비팀은 교사 12명과 행정직원 1명이었는데, 이들은 단순히 '새 학교를 여는 일'을 넘어 '새로운 학교 문화를 만드는 일'에 더 큰 의미를 두었다.

준비 과정에서 가장 중요하게 세운 원칙은 민주적 협의와 공동 비전의 수립이었다. 교사들은 여러 차례 워크숍과 세미나를 거듭하며, 해밀초를 기존의 '혁신학교 1.0'을 넘어서는 '혁신 이후의 학교 2.0'으로 만들자는 데 뜻을 모았다. 기존의 혁신학교가 교육과정 다양화와 학생 참여 확대에 주력했다면, 해밀초는 한 발 더 나아가 학교 운영 전반을 공동체적 협력 구조로 짜겠다는 비전을 세운 것이다. 이에 따라 교사들은 교과 편성, 수업방식, 생활 규정까지 함께 논의하고 결정했으며, 이러한 경험은 개교 이후 민주적 학교 문화를 정착시키는 중요한 토대가 되었다.

또한 개교 전에는 예비 학부모들을 대상으로 학교 비전과 교육철학을 함께 고민하기 위한 설문조사를 진행했고, 개교 직후에는 '학교 초대의 날'을 열어 학교 공간을 개방했다. 이 자리에서는 학생, 학부모뿐만 아니라 입주자대표협의회 등 지역 주민과 학교장이 직접 소통하는 시간을 마련하며, 학교가 지역사회에 열려 있음을 보여주었다.

이처럼 해밀초의 개교 과정은 여느 학교와는 달랐다. 대부분의 학교가 교육청의 지침과 행정 절차에 따라 준비하고 문을 여는 것과 달리, 해밀초는 교사와 학부모, 지역 주민이 초기 단계부터 함께 참여하는 '공동 설계형 개교'를 실험했다는 점에서 의의가 크다.

공모교장의 리더십: '공동체 플랫폼 학교'

해밀초의 초대 교장 유우석은 세종 혁신교육 초기 설계에 깊이 관여한 교육자로, 공모 과정을 거쳐 교장으로 임명되었다. 그는 '공동체 플랫폼 학교'라는 개념을 내세우며 학교를 교사·학생·학부모·지역사회의 네 축이 함께 이루는 공동체로 조직했다.

그의 리더십 핵심은 '권한의 분산'과 '책임의 공유'였다. 교장은 모든 의사결정을 자신이 독점하기보다, 교사·학부모·주민이 참여하는 연석회의를 통해 중요한 사안을 결정했다. 학교운영위원회가 형식적 자문기구에 머무는 경우가 많은 현실과 달리, 해밀초는 실질적으로 권한을 나누는 실험을 한 셈이다.

라. 지역사회 속의 학교

학교교육과정은 마을교육과정과 궤를 함께 한다. 해밀마을은 어린아이부터 어르신까지 살아갈 수 있는 기본 인프라가 갖춰져 있다. 즉 마을 안에서 삶의 대부분을 배우며 자랄 수 있다. 학부모 참여를 위한 공식 통로를 만들고, 교육과정의 기획 단계부터 지역사회와 함께 해나간다. 학교는 보육-돌봄-유치원-초·중등교육-평생교육으로 이어지는 전 생애의 배움이 가능한 해밀마을을 만드는 데 조력한다.

학교는 마을의 구심점에 있다. 학교 시설을 개방하고 평생교육프로그램 운영을 지원함으로써 마을 주민이 함께 배우고 나누는 데 주도적 역할을 할 수 있다. 돌봄과 배움, 상담을 지원하는 주체로서의 활동을 학교가 지원하며, 해밀마을교육협의회를 통한 소통의 창구를 열고 의사결정에 참여를 보장한다.

교장은 "책임은 과정 속에서 함께 지는 것"이라는 원칙을 거듭 강조했다. 이는 교육의 책임이 교사에게만 전가되는 구조를 바꾸고, 학부모와 주민 역시 교육의 주체로 서게 하는 문화적 기반이 되었다. 실제로 학부모는 독서·진로·예술 활동의 강사로 참여했고, 주민들은 공예·체육·음악 등의 프로그램을 운영하며 교육과정을 확장했다. 이러한 리더십은 학교와 지역사회가 신뢰를 쌓는 데 결정적 역할을 했다.

제도적 지원: 세종행복교육지원센터

학교의 자발적 노력만으로는 마을교육공동체가 안정적으로 운영되기 어렵다. 마을교육은 학교만이 아니라 지역과 함께할 때 가능한 일이며, 이를 위해서는 세종시청과 세종시교육청의 협력이 필수적이다. 이러한 필요성 속에서 2018년 준비과정을 거쳐 2019년 1월 두 기관이 공동으로 세종행복교육지원센터를 설립하였다.

세종행복교육지원센터는 다양한 체험처와 교육자원을 발굴하고 마을교육 프로그램과 세종마을교사 등을 연계, 지원하며 학교와 지역사회를 연결하는 역할을 수행해왔다. 특히 해밀초 개교 당시에는 '찾아가는 마을 방과후활동'을 지원하여 지역 인프라가 부족한 시기에 학생들이 정규 수업 이후에도 학교에 안정적으로 머물 수 있도록 행·재정 기반을 마련해 주었다.

이런 지원 덕분에 학생들은 정규수업 시간 이후에도 다양한 활동에 참여할 수 있었고, 교사들은 과도한 행정 업무에 매몰되지 않고 안정적인 교육과정 운영에 집중할 수 있었다. 탄탄한 제도적 지원은 해밀초가 한 학교 차원의 혁신을 넘어, 지역 전체의 교육 생태계 전환을 위한 제도적 실험을 본격화하는 기반이 되었다.

새로운학교 모델의 탄생

해밀마을의 실험은 마을교육거버넌스 기구가 작동하면서 새로운 국면을 맞이했다. 개교 초기에는 해밀유치원, 해밀초등학교, 해밀중학교가 중심이 되어 협의회를 꾸렸으나, 이후 학군 내 아파트 입주자대표회의 대표가 합류했고, 해밀동주민센터 개청과 함께 해밀주민자치회까지 참여하게 되었다.

이렇게 7개 기관이 함께 참여하는 거버넌스 기구는 '해밀교육마을협의회'라는 이름을 갖게 되었다. 흔히 사용하는 '마을교육' 대신 '교육마을'이라는 명칭을 택한 것은, 해밀동이라는 마을이 교육을 중심 가치로 삼는다는 점을 분명히 하고, 교육을 우선으로 논의하는 협의체로서의 정체성을 드러내기 위함이었다.

해밀교육마을협의회는 출범 이후, 학교와 마을이 함께 하는 축제, 우리마을교사 양성, 공유공간 확대라는 세 가지 과제를 선정하여 추진했다. 그 과정에서 '온 마을이 학교'라는 교육공동체의 모습이 구체화되었고, 학교, 지자체, 주민조직이 함께하는 교육 네트워크가 형성되었다.

실제로 협의회를 통해 각 기관이 참여하는 축제 TF를 구성하여, 현재 해밀동의 대표 행사로 자리잡은 '해밀무지개축제'가 열리게 되었다. 또 우리마을교사 양성 과정을 수료한 '프로젝트 지도사'가 팀 프로젝트 수업을 지원하면서 수업이 한층 다양해졌고, 공유 공간 확대를 위해 협의회 차원에서 MOU를 체결하여 사람, 공간, 프로그램을 매개로 학교와 마을이 연결되기 시작했다.

그러나 이러한 활동이 큰 의미를 가지는 동시에, 실무적인 부담으로 작용하기도 했다. 예를 들어 축제 TF를 운영할 때 여러 기관의 일정을 조율하고 회의를 준비, 정리하는 일은 교사들에게 큰 부담이 될 수밖에 없었다.

때마침 2022년 지방선거에서 '읍·면·동마다 마을교육지원센터 설립'이 교육감 공약으로 제시되었고, 해밀동에서는 학부모회를 중심으로 운영진을 꾸려 세종마을교육지원센터 위탁 공모사업에 선정되었다.— 그 결과, 그동안 학교와 마을 협력사업으로 진행되었던 업무를 분담할 수 있는 체계가 마련되었다.

돌이켜보면, 현장의 실천이 정책으로 반영될 수 있었던 것은 세종시이기에 가능했다. 인구 규모는 약 40만 명에 불과하지만, 광역자치단체 지위를 갖고 있어 정책에 신속하게 반영될 수 있었기 때문이다. 세종시는 다양한 교육활동을 실험하고 적용할 수 있는 최적의 환경이라고 할 수 있다.

이 과정을 통해 '온 마을이 학교'가 될 수 있는 몇 가지 가능성을 확인했다.

첫째, 마을교사와 주민이 참여하는 마을교육과정 운영의 가능성이다. 학교와 마을이 함께 하는 교육과정은 단순히 물리적 공간의 결합을 의미하지 않았다. 오고 가며 학교와 마을에서 때때로 만나는 사람들은 도시에서 흔한 '익명성'을 넘어 서로 연결되며, 학교와 마을이라는 공간에서 새로운 관계와 의미를 만들어냈다.

둘째, 교육과 지역 의제를 함께 논의하고 공동 의사결정을 경험하였다. 해밀교육마을협의회 논의를 통해 학생들은 마을참여단 활동으로 주민총회에 의제를 제안했고, 그 의제가 실제로 실행되면서 자신이 사는 지역의 현안 문제가 민원으로 받아들이는 것이 아니라, 공동체의 일원으로 직접 해결할 수 있다는 경험을 얻었다. 이는 수요자의 경험을 넘어 공동체 조성자로의 경험을 의미한다.

셋째, 학교교육과 평생학습 연계 가능성이다. 프로젝트 지도사로 활동한 학부모와 지역주민, 교사들이 주민자치위원으로 함께 참여하면서 서로를 이해하는 폭이 넓어졌다. 이는 학교의 방과후 활동이나 돌봄 프로그램이 지역 주민의 주민자치프로그램과 자연스럽게 연결될 수 있음을 보여 주었다.

이 모델은 OECD가 제시한 '지역사회 학교 시나리오'를 우리나라 실정에 맞게 적용한 사례라 할 수 있으며, 도시형 마을교육공동체가 나아갈 방향을 보여주는 선도적 경험이기도 하다.

형성과정의 의의

해밀교육마을의 형성과정은 여러 측면에서 시사점을 제공한다.

첫째, 물리적 설계가 공동체성을 촉진할 수 있음을 보여주었다. 학교 담장을 허물고, 생활 공간과 교육 공간을 맞닿게 한 설계는 새로운 교육 패러다임 전환의 출발점이 되었다.

둘째, 민주적 개교 과정은 학교 문화를 형성하는 결정적 요인이었다. 교사·학부모·주민이 초기 단계부터 참여하면서, 학교는 '함께 만드는 공간'이라는 공감대를 형성할 수 있었다.

셋째, 공모교장의 리더십은 권한 분산과 책임 공유를 가능하게 하였고, 이는 학교 구성원과 지역사회 모두의 신뢰와 참여를 끌어내는 핵심 동력이 되었다.

넷째, 행정적·제도적 지원이 지속성을 보장했다. 지자체 협력기구인 세종행복교육지원센터와 주민 참여형 마을교육지원센터는 단발적 이벤트가 아니라 구조적 실험으로서 학교와 마을 교육 협력을 안정적으로 자리 잡게 한 조건이었다.

다섯째, 도시형 마을교육공동체의 가능성을 실질적으로 증명했다. 해밀교육마을의 경험은 학교와 마을이 함께 성장할 수 있는 모델로서 의미 있는 선례가 되었다.

4

도시형 마을 교육공동체(해밀교육마을)의 교육과정과 운영사례[7]

해밀햇살교육과정: 하루가 곧 배움의 공동체

해밀초등학교와 해밀교육마을의 가장 혁신적인 특징은 '해밀햇살교육과정'이라 불리는 교육과정이다. 초기에는 '햇살교육 프로젝트'라는 이름으로 시작되었으나 여러 차례의 협의를 거쳐 현재의 이름을 갖게 되었고, 징검다리 교육은 '징검다리 팀 프로젝트'로 자리잡았다.

해밀햇살교육과정은 해밀초등학교의 교육과정 설계도라고 할 수 있다. 햇살이 고르게 비추듯, 다양한 곳에서 많은 어른이 협력하여 아이 한 명 한 명을 따뜻하게 바라보고 살피며 지원하고자 하는 마음이 담겨있다.

이러한 방향성을 두고 만든 해밀햇살과정은 단순한 시간표 편성이 아니라, 학교와 마을을 하나의 배움터로 통합하는 구조를 담고 있다. 해밀햇살교육과정은 크게 세 가지 축으로 나뉜다.

---

7 교육트렌드 2026 집필팀, 〈대한민국 교육트렌드 2026〉, 2025.10.20, ㈜에듀니티교육연구소.

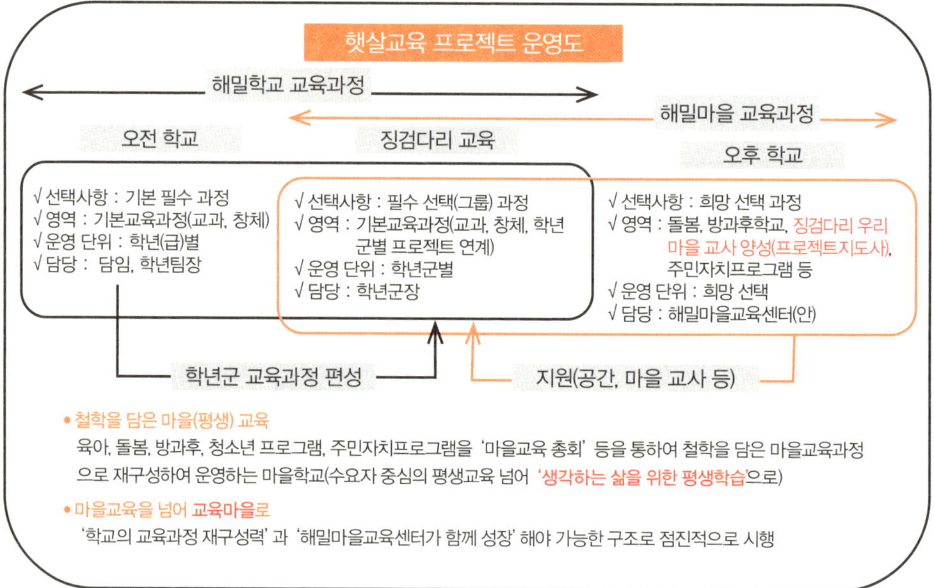

〈 햇살교육 프로젝트 운영도[8] 〉

○ 공통기본(오전학교): 모든 학생이 공통으로 학습하는 교육과정

○ 공통선택(징검다리): 모든 학생이 선택하여 학습하는 모둠별 교육과정

○ 개인선택(오후학교): 희망하는 학생이 선택하여 학습하는 개인별 교육과정

오전학교는 기존의 정규 교육과정 운영 방식에 해당한다. 기초·기본 학습을 다지는 시간으로, 교과 학습이나 프로젝트형 수업이 학년 또는 학급 단위로 진행된다. 이 시간은 모든 배움의 토대가 되는 중요한 시간이다.

오후학교는 방과후학교와 돌봄을 포함하여, 체험·예술·진로 등 다

---

8   유우석 외 23명 지음, 《새로운 학교의 탄생》(수류화개, 2024)에서 일부 인용하였다.

양한 분야에서 아이들의 흥미와 관심을 반영하도록 설계되었다. 아이들은 교실을 벗어나 마을 곳곳에서 배움의 장을 발견할 수 있으며, 주민·학부모·지역 활동가가 마을교사로 참여하는 마을 중심 교육과정이 이어진다.

향후에는 주민과 학부모를 대상으로 한 주민자치프로그램을 포함, 평생학습 프로그램과 연계될 수 있는 문도 열어두었다. 아이들의 배움이 곧 어른들의 배움으로 이어지고, 이를 통해 세대 간 경계까지 허무는 장이 마련된 것이다.

즉, 오전-오후-저녁으로 이어지는 하루의 일과는 '한 아이의 배움'과 '한 마을의 배움'을 촘촘히 연결한다. 이는 교육을 아이들만의 전유물이 아닌, 주민 모두가 함께 누리는 공동재로 재구성하려는 시도이기도 하다.

징검다리 팀 프로젝트: 학생 주도성과 마을 자원의 결합

해밀교육마을의 상징적 프로그램 가운데 하나는 '징검다리 팀 프로젝트'이다. 이 활동은 오전학교와 오후학교를 연결하며, 교사 중심이 아니라 학생 스스로 주제를 정하고 조사하며, 마을 자원을 활용해 결과물을 만들어내는 구조로 운영된다.

징검다리 팀 프로젝트는 학년군 단위로 진행된다. 1·2학년군은 학급 내, 3·4학년은 학년 내, 5·6학년은 학년군 내에서 관심 있는 주제로 10명 내외로 팀을 구성한다. 학급수보다 많은 팀이 구성되기 때문에, 우리 마을교사인 프로젝트 지도사가 팀 활동을 지원한다.

예를 들어, 어떤 학생들은 해밀동 인근의 환경 문제를 주제로 삼아 마을 하천을 조사하고, 환경 캠페인을 기획하고 실천한다. 또 다른 학생들은 마을 어르신을 인터뷰하고, 이를 바탕으로 자료를 만들어 공유한다. 이러한 활동은 매년 10월에 열리는 학교와 마을이 함께하는 축제에 전시 또는 체험 부스로 소개된다.

징검다리 팀 프로젝트는 학생들이 교과 지식과 실제 삶을 연결하도록 돕는다. 단순히 책에서 배우는 것이 아니라, 마을의 문제를 해결하는 과정에서 배움이 구체화되는 것이다. 또한 주민과 어르신들이 학생들의 활동에 조언자·협력자로 참여하면서, 세대 간 교류와 마을 공동체의 유대도 강화된다.

마을 축제와 주민총회: 교육과 민주주의의 접점

해밀교육마을은 해마다 마을축제를 연다. 이 축제는 단순한 잔치가 아니라, 교육 성과를 공유하고 마을과 학교가 하나의 공동체임을 확인하는 중요한 자리였다. 초기 해밀교육마을협의회에서 마을축제TF를 구성하고 공모를 통해 '해밀무지개축제'라는 이름을 정했다. 축제는 1일 차 학교 내, 2일 차 학교 간, 3일 차 마을 단위로 진행된다.

학생들은 프로젝트 결과물을 발표하고, 학부모와 주민들은 동아리 공연과 작품 전시를 준비한다. 아이들의 무대와 어른들의 무대가 함께 어우러지며, 배움과 문화가 공동체 속에서 결실을 맺는 장이 마련된다.

또한 주민총회는 해밀교육마을의 민주적 운영을 보여주는 대표적 사례다. 해밀교육마을협의회를 통해 학생들이 마을참여단으로 참여하며, 활동 과정에서 도출된 의제를 주민총회에 안건으로 올린다.

이와 더불어, 해밀마을교육협의회에서는 '해담회'(해밀동 담대한 정담회)라는 공론장을 운영한다. 이 자리에서는 학생과 주민의 다양한 의제가 발표되며, 주민총회에 앞서 진행되는 교육총회 성격을 지닌다. 해담회에서 논의된 안건은 이후 주민총회 안건으로 상정되기도 한다.

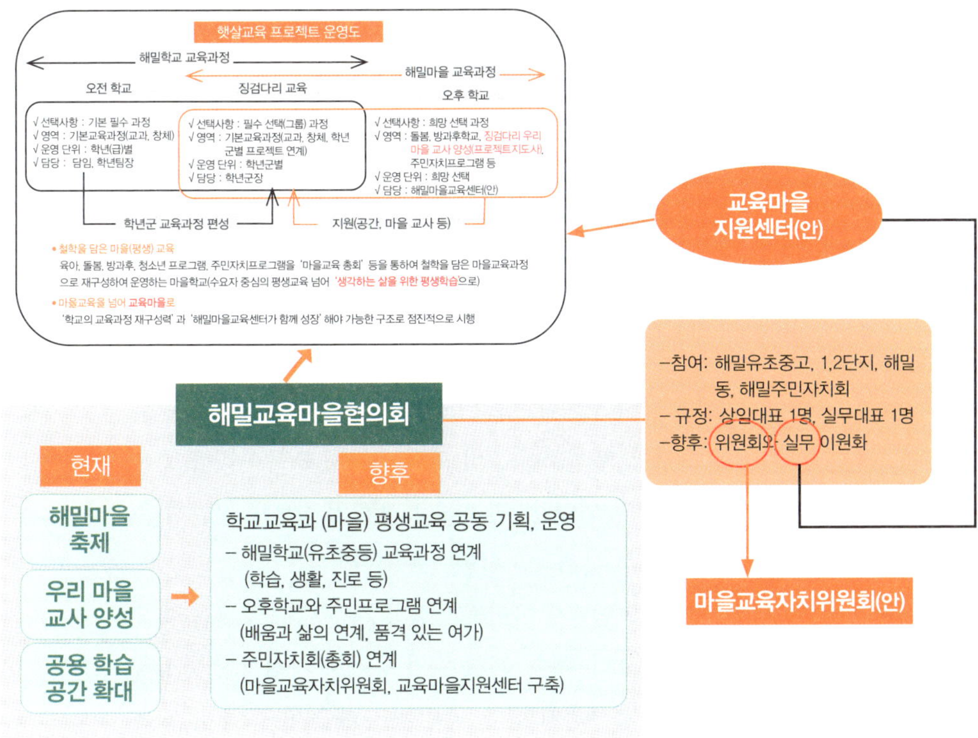

해밀햇살교육과정과 해밀교육마을협의회의 협력 관계도[9]

이 과정은 학교와 마을이 단순히 협력하는 차원을 넘어, '공동 의사 결정체'로 발전하고 있음을 보여준다. 교육은 곧 생활과 맞닿아 있고, 학교는 민주주의를 실천하는 훈련장이 된다.

위 그림에서 해밀교육마을협의회는 향후 실행기관으로 '마을교육지원센터'를, 심의 기구로서 '마을교육자치위원회'를 제시하였다. 2024년 6월 마을교육지원센터는 '해밀마을교육지원센터'라는 이름으로 교육청 민간 위탁 공모를 통해 선정되어 운영 중이며, 마을교육자치위원회의 역할은 해밀교육마을협의회가 수행하고 있다.

9　유우석 외 23명 지음, 《새로운 학교의 탄생》(수류화개, 2024)

학부모와 주민의 참여: 교육력의 회복

해밀교육마을은 학부모와 주민을 단순한 참관자가 아니라 교육활동가로 참여시켰다. 이는 기존 학교 문화와 가장 뚜렷하게 다른 지점이다. 개교 초기부터 '해밀초 서포터즈'라는 방식으로 참여할 수 있도록 하여, 형식적인 참여가 아니라 공동체에 기여하는 주요한 역할로 참여했다.

2020년 9월 개교 당시 코로나19로 인해 모임이 쉽지 않았지만, 학부모들은 독서, 보드게임, 협동조합 준비 모임 등 소규모 동아리를 중심으로 활동하였다. 작은 모임이었지만 학습과 협력의 장으로 활발히 운영되었고, 코로나19 이후 본격적인 활동으로 이어졌다.

부모들은 독서 프로그램에서 아이들과 함께 책을 읽고 토론을 이끌었으며, 진로 멘토링, 요리·예술·과학 수업 등에서 자신의 전문성을 발휘하여 교육과정을 풍부하게 했다. 주민들은 예술가, 공예가, 체육지도자로 참여하며 교과서에서는 경험할 수 없는 다양한 배움을 제공했다.

이 과정에서 해밀학교사회적협동조합이 교육부 인가를 받아 정식으로 설립되었다. 학교 공간을 거점으로 학교 매점을 운명하였으며, 그곳은 학생, 학부모, 교사, 지역사회가 함께 모이는 사랑방이자, 다양한 협의가 열리는 공론장이 되었다.

2024년, 해밀학교사회적협동조합은 세종시교육청에서 민간위탁 공모사업인 마을교육지원센터에 선정되어 현재 '해밀마을교육지원센터'라는 이름으로 학교와 마을을 잇는 다양한 사업을 진행하고 있다.

이러한 구조는 지역사회의 교육력 회복 과정이기도 하다. 산업화와 도시화 속에서 해체된 마을 교육의 전통이, 현대 도시 환경 속에서 새로운 방식으로 되살아난 셈이다.

교육과정 운영의 의미와 확장 가능성

해밀교육마을의 교육과정 운영은 여러 측면에서 중요한 의미를 지닌다.

첫째, 배움의 시간과 공간의 확장이다. 오전-오후-저녁으로 이어지는 햇살교육과정은 배움을 일과 전체로 확장했고, 교실 안팎을 자연스럽게 연결했다.

둘째, 학생 주도성의 강화다. 징검다리 팀 프로젝트는 교사 중심 교육을 넘어 학생이 스스로 학습 주제를 선택하고, 문제 해결의 주체로 성장할 수 있게 했다.

셋째, 주민 참여의 제도화다. 학부모와 주민은 '재능 기부자'에 머무르지 않고, 정식 교육과정의 파트너로 자리 잡았다. 이는 교육을 '국가의 책임'에서 '지역의 공동 책임'으로 확장하는 실천이었다.

넷째, 민주적 의사결정의 훈련이다. 주민총회는 교육 의제를 생활 영역과 연결시키며, 민주주의를 일상 속에서 경험하고 실천할 수 있는 장으로 만들었다.

마지막으로, 지속가능한 관계망 형성이다. 해밀교육마을은 프로그램 종료 후에도 이어지는 신뢰와 협력의 관계망을 구축함으로써, 도시형 마을교육공동체의 안정성을 보장하는 핵심 기반을 마련하였다.

5

도시형 마을 교육공동체(해밀교육마을)의 성과와 과제[10]

'학교'에서 '마을'로 확장된 배움

해밀교육마을의 가장 두드러진 성과는 학교와 마을이 하나의 교육 공동체로 작동했다는 점이다. 이는 단순히 프로그램이 늘어난 차원이 아니라, 교육의 주체와 책임 구조가 재구성된 사건이었다.

첫째, 학생의 배움의 질이 향상되었다. 해밀햇살교육과정, 특히 징 검다리 팀 프로젝트는 학생들에게 주어진 과제를 수행하는 수동적 학 습이 아니라, 스스로 질문을 던지고 해답을 찾는 능동적 학습 경험을 제공했다. 교과서 지식이 마을의 삶과 연결되면서 배움은 구체성을 얻 었고, 아이들은 배움이 자신의 삶과 무관하지 않음을 체감했다. 이는 '배움의 동기'를 강화하는 중요한 조건이었다.

둘째, 교육의 책임이 확장되었다. 전통적으로 교육은 교사와 국가의

10　교육트렌드 2026 집필팀, 〈대한민국 교육트렌드 2026〉, 2025.10.20, ㈜에듀니 티교육연구소.

책임으로만 여겨졌으나 해밀교육마을에서는 학부모와 주민이 직접 교육과정에 참여하며, 교육이 '공동 책임'으로 전환되었다. 정규 수업 이후나 방학을 활용하여 학부모가 독서 지도, 진로 멘토링을 맡고, 주민이 예술·체육·환경 교육을 담당함으로써 교육의 주체가 다층화되었다. 이는 교육의 공공성을 강화하고, 국가가 짊어진 부담을 지역사회가 함께 나누는 구조로 진화시켰다.

셋째, 교육 불평등 완화의 가능성을 보여주었다. 도시 교육에서 사교육 의존 구조는 특정 계층만 풍부한 기회를 누리고, 그렇지 않은 계층은 불리한 조건에 놓이게 한다. 해밀교육마을은 마을 차원에서 공공적 배움의 기회를 제공함으로써 최소한의 교육 격차 완화 장치를 마련했다. 이는 교육 형평성을 강화하는 효과를 낳았다.

넷째, 평생학습과 세대 통합의 장을 열었다. 저녁 시간 운영되는 주민 평생학습 프로그램은 아이들의 학교와 어른들의 학교를 연결하며, 부모와 아이가 함께 배움을 공유할 수 있는 장을 만들었다. 이를 통해 세대 간 이해와 공감이 높아지고, 교육이 아동·청소년의 전유물이 아닌 삶 전체를 아우르는 지속적 경험임이 재확인되었다.

공동체성의 회복과 민주주의의 일상화

해밀교육마을은 교육뿐 아니라 사회적 성과에서도 의미 있는 결과를 남겼다.

첫째, 공동체성 회복이다. 도시 생활에서 흔한 익명성과 단절은 아파트 단지에서도 쉽게 나타난다. 그러나 해밀교육마을에서는 학부모·주민·교사가 정기적으로 만나 교육을 기획하고, 마을축제와 주민총회를 통해 일상을 공유했다. 아이들의 팀 프로젝트에 마을 어른이 참여하고 학부모가 수업에 참여하면서 '타인'이었던 관계가 '이웃'으로 재편되었다.

둘째, 민주주의가 생활 속에서 훈련되었다. 주민총회는 단순한 형식적 회의가 아니라, 실제로 의제를 발굴하고 결정하는 과정이었다. 예산 배분, 프로그램 선정, 시설 운영 등이 주민의 논의와 합의를 통해 이루어졌다. 아이들은 이러한 과정을 지켜보며 민주적 의사결정이 작동하는 방식을 배우고, 어른들은 교육과 지역 생활을 함께 논의하며 생활정치의 문화를 체득했다. 이는 민주주의를 '교과서 지식'이 아닌 '일상의 실천'으로 체화하게 한 중요한 성과였다.

셋째, 행정과 지역의 협력 모델이 형성되었다. 세종행복교육지원센터는 교육청과 학교, 마을을 연결하는 중간지원조직으로 중요한 역할을 했다. 이러한 제도적 기반 덕분에 학교와 마을의 실험이 단발성에 그치지 않고 구조적 안정성을 확보할 수 있었다. 이는 향후 다른 지역으로 확산 가능한 제도적 모델을 제공한 성과이기도 하다.

한계와 남은 과제

해밀교육마을이 눈에 띄는 성과를 거두었지만, 여전히 몇 가지 중요한 과제가 남아 있다.

첫째, 마을교육 전문가 부족이다. 현재 마을교육과정의 상당 부분은 교사들의 헌신과 주민 활동가의 열정에 의존하고 있다. 그러나 교사에게 과도한 행정 부담이 집중될 경우, 교육의 질이 저하될 위험이 크다. 이를 해결하려면 마을교육을 전담하는 전문가, 즉 교육과 행정을 잇는 제도적 배치가 필요하다. 마을 코디네이터, 학습 디자이너 등 전문 인력을 양성·배치하는 정책이 요구된다.

둘째, 재정 지원의 지속성이다. 마을교육공동체는 장기간의 재정적 뒷받침 없이는 안정적으로 운영되기 어렵다. 현재는 교육청 시범사업 예산이나 공모사업 지원에 상당 부분 의존하고 있어 구조가 불안정하다. 마을교육이 일시적 프로젝트로 그치지 않으려면, 법적·제도적 기반의 안정적인 예산 지원 체계를 마련해야 한다. 지속 가능한 재정 구조를 구축하기 위해 지방교육재정에 마을교육 항목을 명시하거나, 중앙정부 차원의 지원 기금을 마련하는 방안도 고려할 수 있다.

셋째, 주민 참여의 편차 문제이다. 다른 곳보다 참여도가 높은 편이지만 여전히 일부 열정적인 주민 활동가들 중심으로 운영되는 경향이 있다. 참여가 특정 소수에게 집중되면 공동체의 지속가능성이 약화될 수 있다. 따라서 더 많은 주민이 자연스럽게 참여할 수 있는 문화 기반과 참여 장치를 마련하고, 마을교육공동체를 공모사업 수준에 머물지 않고, 제도적 틀로 정착시킬 필요가 있다.

넷째, 도시형 특수성의 도전이다. 해밀교육마을은 신도시라는 특수한 환경에서 출발했다. 다양한 계층이 유입되고, 이주민이 많은 도시에서 공동체성을 구축하는 일은 여전히 도전적 과제다. 장기적으로 정착한 주민뿐 아니라, 지속적으로 유입되는 인구까지 포괄하는 참여 구조를 설계해야 한다. 이를 위해 주민총회, 마을교육위원회 등 참여 구조를 확대하고, 다양한 계층이 자연스럽게 참여할 수 있는 문화 기반을 조성하는 것이 중요하다.

해밀교육마을로 살펴 본 도시형 마을교육공동체

해밀교육마을의 경험은 오늘날 우리 교육이 직면한 여러 위기를 극복할 수 있는 중요한 단서를 제공한다. 산업화와 도시화 이후, 교육은 입시와 경쟁 중심으로 구조화되며 학교와 지역사회는 분리되었다. 그러나 21세기 사회가 요구하는 교육은 더 이상 단절된 공간 안에서만 이루어질 수 없다. 인공지능과 디지털 전환, 기후위기와 불평등, 인구구조 변화와 지역 소멸 등은 모두 교육의 새로운 해법을 요구한다.

해밀교육마을은 이러한 시대적 과제 속에서 '학교를 다시 지역사회로 돌려보내는' 실험이었다. 도시형 마을교육공동체는 교육 혁신의 단순한 방법론을 넘어, 사회혁신의 모델로서 의미를 지닌다. 학교가 학습 허브로 기능할 때, 아이들은 교실을 넘어 삶과 맞닿은 배움을 경험하고, 주민들은 평생학습과 공동체성을 회복한다. 결국 이는 교육을 공동재(common goods)로 바라보는 미래교육의 흐름과 맞닿는다.

신도시라는 특수한 환경 속에서 해밀교육마을은 학교와 마을이 물리적·제도적으로 결합할 수 있음을 보여주었다. 이는 OECD가 제시한 '지역사회 학교' 시나리오의 한국적 적용 사례로 평가할 수 있다. 그러나 동시에 이 모델은 여전히 시범적 단계에 머물고 있다. 마을전문가 부족, 재정 지원의 불안정, 주민 참여의 편차 등은 제도적 보완 없이는 장기적 지속가능성을 보장하기 어렵다.

따라서 해밀교육마을은 '작은 성공의 실험실'이자 동시에 '넘어야 할 과제를 드러낸 거울'이다. 그 자체로 완결된 모델이 아니라, 앞으로 전국적으로 확산·제도화될 과정에서 참고해야 할 출발점으로 이해하는 것이 타당하다.

해밀교육마을이 남긴 메시지

해밀교육마을이 남긴 메시지는 분명하다.

"교육은 더 이상 교실 안에 갇혀 있을 수 없다."

교육은 마을의 삶 속에서, 주민의 일상에서 다시 태어나야 한다. 도시형 마을교육공동체는 아이들에게는 삶과 맞닿은 배움을, 주민에게는 평생학습과 공동체 경험을 제공한다. 이는 단순히 교육 방식의 변화가 아니라, 사회를 지속가능하게 만드는 혁신적 길이다.

다가올 미래 사회는 불확실성과 예측불가능, 변동성으로 가득할 것이다. 기존의 학교로는 이 문제에 대비할 수 없다. 아이들의 배움과 지역사회 회복력, 민주적 시민성을 동시에 강화하는 노력이 필요하다. 미래 교육의 길을 학교 내부 혁신이 아니라, 도시 속 마을교육공동체를 기반으로 한 학습과 삶의 통합에서 찾아야 하는 이유다. 해밀교육마을은 그 가능성을 보여준 첫걸음이었다.

따라서 우리는 이 작은 실험이 던진 사례를 전국으로, 더 나아가 세계로 확장해야 한다. 해밀교육마을은 단지 하나의 사례가 아니라, 우리나라 교육 혁신의 새로운 출발점이자, 21세기형 사회계약을 위한 소중한 이정표다.

6

언론이 주목한
해밀교육마을

시민으로 살아가는 힘, 학생 자치
삶이 있는 이야기[11]

　우리 역사에서 학생이 잠들었던 적은 없다. 일제 강점기 독립운동뿐만 아니라 해방 이후 민주화 투쟁의 현장에도 학생들은 어느 세대보다 뜨거운 가슴으로 가장 용감하게 불의에 맞섰다. 조선인 여학생을 희롱하는 일본인 학생과의 다툼이었지만 그 속에는 나라를 잃은 설움과 분노가 폭발한 광주학생독립운동, 해방 이후, 부정 선거에 맞선 4·19, 1980년 광주민주화 운동과 87년 6월 항쟁, 효순이 미선이 추모 집회 그리고 2014년 세월호 참사에 대한 진실 규명, 국정역사교과서 반대, 그리고 거대한 촛불집회. 역사의 중요한 순간에 학생들은 늘 깨어 있

11　유우석, 〈시민으로 살아가는 힘-학생 자치 삶이 있는 이야기〉, 2018.09.17, 굿모닝충청(http://www.goodmorningcc.com/news/articleView.html?idxno=200475)

었다.

그러나 우리 어른들의 생각은 달랐다. 학생을 세상 물정을 모르는 미성숙한 존재로 물물 가리지 못하는 철딱서니로 여겼다. 당연히 관리받아야 되고 통제 되어야 하는 존재로 여겼다. 세상에 물든 어른들의 눈에는 학생들의 정의로움을 좇는 삶의 잣대가 너무 낭만적이었던 것이다.

학생들에는 누구보다 힘차게 뛰는 가슴이 있다. 우리에게 그 가슴은 세상의 옳고 그름을 세우는 훌륭한 잣대가 된다. 그러나 뛰는 가슴을 멈추라 강요하고 통제한다. 마치 야생의 사자를 철장에 가두고 채찍을 휘둘러 내 말을 들으라, 그래야 맛있는 식사와 편안한 잠자리가 제공된다고 길들이는 것과 같다. 가슴이여, 뛰지 말라. 내가 시키는대로만 하면 된다. 생각은 필요없다고 한다. 모난 돌이 정 맞듯이 목소리를 내는 이의 삶은 가혹하기 마련이라고 한다. 세상은 그런 것이라고, 잠자코 있으라고, 그래야 미래에 편안한 삶이 보장된다고.

하지만 역사는 증명한다. 학생들의 힘찬 심장의 숨소리가 멈춘 적이 없었다고. 그 소리가 사회를 바꾸는 힘찬 동력이 되었으며, 세상이 만들어놓은 잣대에 흔들리지 않고 당당하게 '무엇이 잘못되었는지'를 외쳤다. 세상은 변화의 새로운 동력을 얻었고, 새로운 사회를 꿈꾸는 기회를 마련하였다.

당당한 주체로서의 삶을 경험해보지 않은 사람은 어른이 되어서도 주체로서 살기 어렵다. 스스로 성찰하기보다는 누군가 내게 알려주기를 바라고, 다른 사람이 하는 말과 행동을 마치 자기의 것처럼 여긴다. 혹여 잘못이라도 하면 스스로 잘못을 인정하지 못하고 나 아닌 주변에서 잘못을 찾고 숨어버린다.

학생은 그 자체로서 주체이다. 어른들이 타성에 젖은 시각으로 세상을 바라볼 때 학생은 본질을 들여다보고 의문을 제기한다. 우리는 그들의 세심한 소리에 귀를 기울여야 한다. 거기에 답이 있고 미래가 있기 때문이다.

그 출발 지점 중에 중요한 공간이 바로 학교이다. 학생들이 하루의 대부분을 보내는 장소이기도 하지만 사회로 나가는 준비과정의 공간이기도 하기 때문이다. 학교에서 학생들은 스스로를 세우고 타인과 어울리며 갈등을 해결하고 문제를 해결해나간다. 이것이 학생자치다. 학교에서 학생 자치는 그 자체로 도구이자 목적이다. 선심을 쓰는 것이 아니라 당연한 권리이고 의무이다. 자신들의 삶에 대해서 모여서 얘기하고 행동해야 한다. 그리고 우리는 그들이 그렇게 할 수 있도록 지지하고 지원해야 한다.

학생 자치를 하지 못하는 것은 아이들이 성숙하지 못함이 아니라 아이들의 성장을 믿지 못하고 의심하는 어른들 때문이다. 낭만을 가진 학생들에게 '너희 생각이 옳다'라고 지지하고 기꺼이 표현하도록 도와야 한다. 다행 세종시 많은 학교에서 학생들이 기획하고 운영하는 각종 동아리, 교육활동, 어른들과의 협의를 통한 생활 약속 등이 만들어지고 있다는 것은 학생자치의 밝은 모습이다.

스스로 생각하고 같이 나누며 함께 참여 해 본 경험은 그 자체로서 삶의 주체로서 살아갈 수 있는 힘이 된다. 이것이 곧 자치이며 그 중에 가장 낭만적인 학생들의 자치는 더 더없이 소중하다. 그들이 곧 우리 모두의 미래이기 때문이다.

세종에 '마을이 책임지는 오후 학교' 열자[12]

각자가 낼 수 있는 형형색색 불빛으로 짙은 어둠을 밝히며 견딘 시간을 넘어, 이제 다시 제자리를 찾아가는 시간입니다. 어둠을 밝혔던 한 명 한 명의 불빛이 얼마나 위대한지 경험한 우리는 '평범한 사람이 사회를 지탱한다'는 김장하 선생의 말이 현실에서 얼마나 참된지 목격했습니다.

6월 3일 실시되는 대통령 선거는 수많은 빛의 소실점이 될 것입니다. 표현상 하나의 점으로 보이지만, 실제 현실은 무한히 연속되는 평행선입니다. 선거를 통해 수많은 목소리가 터져 나올 것이고, 일부는 '대의'를 위해 묻힐 수밖에 없으며, 살아남은 목소리도 선거 이후 모두 담기는 어려울 것입니다.

그러나 한 사람 한 사람의 소중한 삶을 찾아가는 역사적 발걸음은 계속 전진할 것입니다. 그리고 그 역사의 중심에는 언제나 평범한 사람들이 있습니다.

평범한 사람들이 만드는 교육 – '지요일'을 아시나요?

교육에서도 '평범한 사람'들이 만들어 가는 길이 필요합니다. 이들이 지역에 의미를 두고 학교 교육과정의 자율권을 가지며, 함께 참여하고 논의하고 결정하는 공간이 필요합니다. 당연히 그 책임도 함께 지는 것입니다.

이러한 맥락에서 주목할 만한 과거 공약이 있었습니다. 바로 '지요일' 운영입니다. 일주일에 하루는 지역과 함께하는 교육과정을 의미하는 '지요일'은 아쉽게도 수면 위로 올라오지 못했습니다. 2022 개정 교육과정에서는 '학교자율시간'이라는 이름으로 학교가 연간 50~60차

---

12 유우석, 〈세종에 '마을이 책임지는 오후 학교' 열자〉, 2025.05.03, 굿모닝충청
(https://www.goodmorningcc.com/news/articleView.html?idxno=420745)

시의 시간을 자율적으로 구성할 수 있게 되었지만, 이마저도 애초 안보다 물러나 겨우 명맥만 유지하는 수준에 머물렀습니다.

현장에서 찾은 해답: 오전학교와 오후학교

교장으로 근무하던 시절, 저는 이 물음에 답을 현장에서 구하는 새로운 시도를 했습니다. 오전학교와 오후학교, 그리고 이 둘을 연결하는 '징검다리 팀 프로젝트'를 운영했습니다. 우리는 이를 '햇살교육과정'이라 불렀습니다.

오전학교는 기초·기본학습을 포함한 정규 교육과정이었고, 오후학교는 정규 수업 이후 시간과 방학을 포함한 마을교육과정이었습니다. 특히 집중한 부분은 오후학교였습니다. 아이들의 흥미와 적성을 반영하여 돌봄, 방과후학교, 동아리 활동을 주민자치프로그램과 연계했습니다. 초기 구상부터 실행까지 4년을 함께 했고, 성과와 한계를 모두 경험했습니다.

함께 만들어가는 학교의 가능성

가장 큰 성과는 함께 만들어가는 학교의 가능성, 배움터의 확장이었습니다. 지금까지 교육 정책은 대부분 학교로 '밀어 넣는' 방식이었습니다. 연구학교 지정이나 인사상 인센티브를 통해 정책을 학교에 안착시키려 했지만, 이런 촌스럽고 뻔한 방식은 학교의 정체성을 끊임없이 흔들었습니다. 이 방식은 학교를 '공급자'로, 아이들과 학부모를 '수요자'로 고착시켰습니다.

우리가 시도한 오후학교의 핵심은 교육의 주체가 그 곳에 살고 있는 사람들이라는 점이었습니다. 아이들은 주민총회에 참여하여 제안을 하고, 어른들은 그것을 실현할 수 있도록 지원했습니다. 부모님들이 돌아가며 공동 돌봄을 하며 '내 아이'에서 '우리 아이'로 가는 과정을 경험했고, 학교 협동조합은 지역사회와 학교가 어떻게 연계될 수 있는지 보여주었습니다.

마을 어르신들은 아침 등교하는 아이들을 맞이하고, 신입생의 급식을 챙겼습니다. 마을 가게는 아이들에게 진로인턴십 기회를 제공했고, 아파트 입주자 대표는 청소년에게 공간을 내주었습니다. 이러한 경험들이 '우리 모두의 학교'라는 공감대를 형성했습니다.

주민이 주체가 되는 오후 학교

마을과 함께하는 학교를 위해 필수적인 것은 오후 학교의 운영 주체가 주민이 되어야 한다는 점입니다. 오후 학교 교장은 주민이 선택한 대표가 되고, 운영 주체도 주민이 되어야 합니다. 교육청과 시청은 행재정 지원을 담당하는 방식입니다.

학교 공간뿐 아니라 주민센터, 유관기관, 아파트 공간 등의 책임 주체를 주민이 운영하고, 영유아부터 어르신까지의 평생학습을 함께 참여하고, 운영하고, 책임지는 형태로 학교교육과 연계할 수 있습니다.

마을 주민의 참여는 교육이 내 삶과 무관하지 않다는 인식을 심어주고, 각자의 방식으로 의미를 부여하며 우리 마을의 진로를 마을이 결정할 수 있게 합니다. 국가나 광역자치단체 중심의 정책은 일반적 기준을 세우다 보면 경계를 짓게 되고, 그 경계에 있는 사람들을 촘촘히 챙기지 못합니다. 우리는 기초자치단체를 넘어 생활권 단위 자치 방식을 만들어가야 합니다.

꿈이 현실이 된 순간

"선생님 발표는 이상적인 학교를 꿈꾸고 있어요."

약 4년 전, 세종시 최초 내부형 공모 교장 응모 당시 학교경영계획서를 발표하고 나온 후 들었던 말입니다. 그리고 교장으로 재직할 때 마지막 졸업식에서 들은 학부모님들의 말은 달랐습니다.

"교장 선생님은 약속했던 부분을 했네요."

"우리 학교는 우리나라 교육에서 혁명이라고 생각해요."

이상적인 그림처럼 보일 수 있고, 너무 낭만적이라고 생각할 수도 있습니다. 하지만 그 가능성을 확인할 수 있는 곳이 세종시 해밀동에 있습니다.

교육 수도로서의 세종, 새로운 시작

지역과 함께하는 교육과정, 마을이 책임지는 오후학교의 가능성을 기대하며 한 마디 더 덧붙이자면, 국가 수준의 인프라를 구축하는 일은 동시에 진행하되, 우선 모델링이 필요합니다. 자치와 분권의 도시 세종을 주목하고, 그 가능성을 시도하고 도전하는 해밀동을 살펴보시길 권합니다.

세종은 시민들의 열망이 담긴 행정수도로 거론되고 있는 만큼, 교육 또한 교육 수도로서의 열망을 담아내는 곳이 되어야 합니다. '한 아이를 기르기 위해 온 마을이 나서야 한다'는 오래된 말을 단순한 선언으로 끝내지 않고, 실제 그 경로를 만들어 갈 때입니다.

현재가 미래를 살리는 교육[13]

우리 시대는 늘 과도기였습니다. 그만큼 우리 사회는 역동적이었다는 의미이지만 분명 짙은 그림자도 있었습니다. 지금 이 시기, 그림자가 어느 때보다 짙습니다.

역설적이게도 짙은 그림자 속에서 희망을 보았습니다. 독재에 맞선 화염병을 넘어 촛불집회가 민주적이고 평화적이었다며 이번에는 응원봉으로 상징되는 즐거운 축제 분위기와 함께 창의적이고 유희가 가득했습니다. 특히 남태령을 넘어서는, 키세스단으로 상징되는 이들을 통해 우리는 미래를 보았고, 또 희망을 보았습니다. 한강 작가의 '과거가 현재를 살린다'는 말처럼 과거와 현재는 연결되어 있음을 확인하였습니다.

우리 아이들을 더 존중하며, 더 정성스럽게 만나야 합니다. 나를 소중하게 생각하는 사람이 다른 나를 소중하게 생각합니다. 우리를 존중해야, 또 다른 우리를 존중합니다. 어떤 획기적인 프로그램보다 아이의 시선을 맞추고 인격적인 만남이 중요하고, 이를 토대로 교육이 펼쳐져야 함을 잊지 말아야 합니다.

이는 우리 아이들이 자기 삶의 주인으로 살아갈 수 있는 힘이 될 것이며, 그 힘은 지금의 짙은 그림자를 지울 수 있는 열려있는 미래를 만들어가는 원동력이 될 것입니다. 그 연결 고리 중심에 모두 함께 하는 교육이 있음을 잊지 말아야 합니다.

우리 사회가 어지러울 때 어지러운 시기를 잘 넘기는 것도 중요하지만, 그 다음을 생각하고 준비하는 지혜가 필요합니다. 우리 스스로를

---

13 유우석, 〈현재가 미래를 살리는 교육〉, 2025.03.04, 디트(http://www.dtnews24.com/news/articleView.html?idxno=786956)

잘 들여다보고 변화를 얘기해야 합니다. 어려운 시기를 '상처뿐인 트라우마'로 남길 순 없습니다.

촛불에서 응원봉으로, 지금 이 시기는 매듭을 짓고 새롭게 연결해야 하는 시기입니다. 교육 또한 마찬가지입니다. 몇 가지 제안을 합니다. 먼저 마을교육자치, 더 지역 속으로, 더 깊숙이 들어가야 합니다. 얼마 전 기초단위 교육체계 실현이라는 주제로 토론회에 자리에서 '무지개 도시 세종'을 얘기 한 적이 있습니다. 누군가가 색깔을 정해주는 것이 아니라 읍면동 단위 생활권 중심으로 그 곳에 살고 있는 사람이 협의하고 협력하며 색깔을 만들어갈 수 있도록 지원해야 합니다.

당연히 그 마을을 사랑하는 사람들이 만들어가야 합니다. 세종은 규모가 작아서 한꺼번에 갈 수 있다가 아니라 그럴수록 더 다양성을 지향하고 다채롭게 빛나도록 해야 합니다. 단위 학교를 넘어 그 마을이 함께 해야 합니다.

어려움이 있는 부분은 찾아 지원하고 온전한 그 아이의 모습을 찾고 더 나아갈 수 있도록 교육청과 시가 협력해야 하고, 그 나아가는 주인공은 그곳에 살고 있는 사람이 되어야 합니다. 당연히 어린 시민인 아이들도 건강한 시민으로 성장하며 당당하게 자기의 삶을 찾아갈 것입니다.

작은 부분도 서로 공유해야 합니다. 혁신학교를 경험하며 소중하게 익힌 가치는 공유입니다. 내 생각을 공유하고, 서로 협의한 결과를 공유했습니다. 선생님과 공유하고, 학생과 학부모, 지역사회와 공유했습니다. 공유는 때로는 동의함을, 때로는 협력을, 때로는 도움을, 때로는 책임을 때로는 공동체를 대신합니다. 그래서 학교가 공공재로서 자리매김하고, 그 안에서 구성원이 함께 책임지며 앞으로 나아갔습니다.

즉 더 깊은 민주주의, 더 넓은 민주주의를 위한 공론장이 필요합니다. 수많은 사람이 모이는 자리가 아니라 삼삼오오 모여 다양한 주제에 대한 생각을 나누고 공유해야 합니다. 나의 생각이 우리의 생각이 되는 과정이 필요합니다. 그에 따른 민주적인 절차를 만들고, 절차를 존중하고 결정을 존중하는 문화를 만들어야 합니다.

계몽의 시대가 아니라 우리의 문제를 우리가 발견하고, 대안을 찾고 실천하는 시대입니다. 나와 또 다른 나와 연결하고, 우리와 또 다른 우리가 공감과 존중으로 연결하여 다양한 가치가 공존하는 가운데 갈등을 조정하고 문제를 해결해야 합니다. 이는 우리 스스로 사회적 책임을 하는 것이고, 변화의 주체가 되는 길입니다. 과거가 현재를 살렸듯이, 현재가 미래를 살리는 길입니다.

'파파 스머프' 떠난다……마을이 어떻게 아이를 키우는지 보여주고[14]

- 세종 해밀초 유우석 교장 4년 임기 마치고 이임
- 마을·학교 담 낮춘 '마을교육공동체' 모델 제시
- 마을교사 양성, 공동 축제, 공간 공유 등 '성과'
- 학생 두 배 늘고, 3년 반 동안 '학교폭력위' 0건
- 공교육 위기 속 세종발 마을교육공동체 '관심'

2004년부터 충남과 세종 관내 초등학교에서 교편을 잡았던 유우석 교사는 늘 가슴 한구석에 아쉬움이 있었다. 부모들은 학교가 더 많은 걸 해주길 바랐고 그 기대에 부응하고도 싶었지만, 하루에 고작 몇 시간 함께 하면서 아이들을 온전히 교육하는 일은 난제였다. 그가 '학교와 마을 사이에 뭔가가 하나 있으면 좋을 텐데……' 하는 생각을 갖게 된 배경이다.

2017년 기회가 왔다. 세종 소담초에서 학부모회 담당이 됐다. "학교에 도움 주는 일을 해야겠다고 고민하지말고 , 부모님들이 하고 싶은 일을 마음껏 하십시오. 학교가 돕겠습니다!" '뭐 이런 학교가 다 있나?' 하는 반응이 없었던 건 아니지만, 이웃과 인사 한번 하기도 어색한 세상, 학교가 자리를 깔아주자 어른들은 금세 다양한 방식으로 뭉쳤다. 요리, 영화, 독서 모임이 만들어졌고 자녀들과 함께 '노는' 아버지 모임도 출현했다.

학부모회 분위기가 무르익었을 무렵 코로나19가 터졌다. 다양한 경험과 능력을 가진 학부모들의 재능을 학교 안으로 끌어들이려는 찰

---

14 정민승, 〈'파파 스머프' 떠난다……마을이 어떻게 아이를 키우는지 보여주고〉, 2024.08.31, 한국일보(https://www.hankookilbo.com/News/Read/A2024082015330001478)

나, 모든 게 중단됐다. 가만히 있을 수만은 없어 더 큰 도전에 나섰다. 2020년 9월 개교를 앞두고 세종시교육청이 진행한 해밀초 교장 공모에 지원해 합격 통지서를 받았다. 해밀동은 유치원, 초중고를 단지 한가운데 두고 주민들에게 열려 있는 구조다. '마을이 학교'라는 개념으로 설계돼 '스머프 마을'로도 알려져 있다. 모든 게 '백지'상태라 새로운 도전을 해볼 수 있을 것이라는 자신감이 생겼다.

유 교장은 "젊은 나이(44세)에 교장이 되고 보니 축하보다는 '네가 무슨 교육을 아느냐', '학교장, 만만한 일 아닌데……' 하는 우려가 더 많았다"며 "하지만 열정적인 교사들과 주민들이 '파파 스머프'로 불러주는 것을 보면서 자신감을 갖게 됐다"고 돌아봤다.

'파파 스머프'라는 별명이 어색하지 않을 정도로 유 교장은 열정을 보였다. 먼저 유치원, 중학교와 함께 '해밀 유·초·중 협의회'를 결성해 지역 문제 해결에 나섰고, 이어 입주자대표회의 등 주민들도 끌어들였다. 모임명은 해밀교육마을협의회로 바뀌었다.

새로운 시도를 할 토대가 갖춰지자 그는 '학교–마을 공동 축제 개최', '우리마을 교사 양성' '학교와 지역공동체 사이 담을 낮추기' 등을 시도했다. 그 덕에 해밀동에선 매년 10월 해밀무지개축제가 열린다. 주민 1만여 명 중 동시에 5,000명이 참가하는 축제다. 초청 가수, 개그맨 같은 건 없다. "축제요? 별거 없습니다. 1,000명이 넘는 아이들이 아무렇게나 떠들면서 아파트 단지를 걷습니다. 온 동네 사람들이 나와선 신기해하며 사진을 찍습니다."

축제에선 마을교사와 아이들의 연구 결과물, 작품, 장기 자랑 등 다양한 볼거리와 즐길거리가 공개된다. 새로 생긴 축제를 통해 경험과 추억을 공유하는 사람이 많아지면서 지역사회는 더 단단히 뭉쳤다. 또 아이들은 체육시간에 복합커뮤니티센터(주민센터) 실내 강당을 이용하고, 마을주민들은 저녁이나 주말 비어 있는 학교 운동장과 체육관을 이용하는 등 '공간 공유'까지 이뤄지면서 지역과 학교의 관계는 끈끈해졌다.

소문이 안 날 수 없었다. 2020년 500명이던 학생 수는 현재 1,180명으로 늘었다. 해밀동은 세종 전입 초등 자녀 가정 사이에서 전입 1순위 동네가 됐고, 3,000가구가 넘는 대규모 아파트 단지의 해밀마을에선 연말이면 전세 품귀 현상이 나타날 정도다. 유 교장은 "지난 4년 동안 20여 개국에서 300여 견학팀이 학교를 다녀갔는데, 처음에는 학교 공간과 구조를 묻다가 최근에는 학교 교육과정에 높은 관심을 보인다"며 "전입생 증가는 마을과 학교 사이의 낮은 담, 안전하고 정감 넘치는 마을 분위기에 공감한 결과로 분석하고 있다"고 말했다. 개교 후 작년까지 3년 반 동안 학교폭력심의위원회는 한 번도 열리지 않았다.

교권 붕괴, 공교육 불신 같은 단어가 전혀 이상하지 않은 게 현실이지만, 마을교육협력체계를 구축해 한줄기 희망을 쏘아 올린 유 교장은 30일 해밀마을을 떠났다. 시교육청은 9월 1일 자로 유 교장을 세종시교육청 교육원 연수부장으로 발령했다. "마을교육공동체로 교육도 세우고, 지역사회도 건강하게 한 '레시피'를 더 많은 곳에 보급하라는 뜻 아니겠습니까. 더 있고 싶지만, 뜨겁게 작별하려고요." 많은 이들이 그의 또 다른 도전을 예의주시하고 있다.

세종 해밀초등학교 유우석 교장, 4년간의 혁신교육 향한 발걸음……"교육은 나다움을 찾아가는 과정" [15]

- 세종시 최초 공모제 유우석 교장, 해밀초 개교때 부임해 4년만에 아이들 환대 속에서 떠나
- 유우석 교장, "교육의 본질은 지속가능성…아이들이 나를 찾고 마을과의 관계 속에서 성장해야"
- 중간놀이시간 30분……교장실 찾아와 오목 두고 학교소식 전해주는 아이들, '소통'과 '쉼'의 중요성 환기

세종시 최초 공모제 교장인 해밀초등학교 유우석 교장 선생님이 4년간의 '혁신교육'을 향한 발걸음 마치고 함께 했던 아이들과 석별의 정을 나누며 떠나 해밀마을공동체에 아쉬움을 자아냈다.

유우석 교장은 해밀동이 2020년 신축아파트 단지로 이주하면서 생긴 해밀초등학교에 세종시 첫 공모제 교장으로 부임했다.

교사와 학생 모두 새학교에서 만났고 평교사 출신인 유우석 교장은 아이들이 자신을 찾아가면서 자신이 사는 마을과 관계를 맺고 마을 구성원들 사이에서 정서적 안정을 얻으며 건강하게 자라나는 교육을 꿈꾸며 해밀초에 발을 디뎠다.

그리고 어느새 훌쩍 4년이라는 시간이 흘러갔고 유우석 교장은 자신과 함께 동고동락한 아이들과 동료 교사들의 석별의 정을 나누며 해밀초등학교 교문을 나섰다.

유 교장은 아이들과 교사, 학부모와의 소통을 늘 강조해왔다. 자신

15　인장교, 〈세종 해밀초등학교 유우석 교장, 4년간의 혁신교육 향한 발걸음…" 교육은 나다움을 찾아가는 과정"〉, 2024.08.30, 세종트리뷴

의 SNS에 학교에서 있었던 다양한 이야기를 공개했고 중간휴식시간에
는 저학년에서 고학년 아이들까지 머뭇거림 없이 찾아와 유 교장과 오
목을 두고 대화를 나눴다.

우리에게 익숙한 교장의 이미지는 높은 단상에서 끊어질듯 하염없
이 이어지는 훈화말씀을 늘어놓는 것인데 유 교장에게는 그러한 권위
의식도, 높은 문턱도 느껴지지 않았다.

유 교장은 "제가 해밀초등학교에 부임해 만든 것 중 가장 의미있게
생각하는 것이 중간휴식시간이다. 1, 2교시가 끝나고 30분 정도 아이
들이 충분히 놀면서 쉴 수 있는 여유시간을 만들었다. 그때 아이들은
교장실에 찾아와 나와 오목을 두기도 하고 학교에서 있었던 이야기를
해주기도 한다. 그를 통해 나는 생각이 다양한 아이들을 이해하고 학
교 구석구석의 일들을 파악하게 된다. 일석삼조다"고 말했다.

그러면서 "저는 학교에서 생활하는 아이들에게 있어 공부하는 시간
만큼 쉬는 시간도 매우 중요하다고 생각한다. 아이들은 충분한 쉼을
통해 친구들과 대화하고 관계를 만들어간다"고 설명했다.

실제 인터뷰를 하는 와중에 중간휴식시간이 찾아왔고 아이들이 하
나 둘씩 교장실 주변을 어슬렁거리면서 빼꼼 방으로 들어온다.

그리고 교장선생님에게 말을 걸고 친구들과 자연스럽게 오목을 둔
다. 오랜 시간동안 아이들의 습관으로 젖어든 것으로 보였다.

유우석 교장에게 '교육과 학교의 본질'에 대해 물었더니 유 교장은
"지속가능이라고 생각한다. 지금은 매우 복합적인 사회다. 미래는 아
무도 알 수 없어 해결방법은 우리가 만들어 가는 것이다. 학교의 역할
은 나다움을 꿈꾸고 찾아가는 것을 도와주는 것이다. 나를 찾아가고
관계와 맥락 속에서 협력하면서 미래를 만들어가는 공간이 학교라고
생각한다"고 답했다.

유 교장이 설명해준 학교의 기원도 흥미로웠다.

유 교장은 "미국의 한 건축가가 말한 내용인데 '나무그늘' 아래 모인 사람들이 내가 교사나 학생이라는 것을 모르는 상태에서 서로 대화를 나누다가 들은 이야기를 누군가가 '내 아이에게도 전해주고 싶다'고 생각하게 되면서 학교가 시작됐다는 것이다. 지금의 학교도 같은 맥락이다. 우리가 무얼을 가르치고 배울지는 우리가 스스로 정하는 것"이라며 자신이 생각하는 학교의 의미를 되새겼다.

지난 14일 윤지성 세종시의회 교육위원장과 해밀초등학교를 찾았다. 늘봄학교의 운영상황을 확인하기 위해서였다.

이 자리에서 윤지성 위원장과 유우석 교장은 교육을 두고 다양한 생각을 나눴다.

미래학교는 어떤 방향으로 가야하는지, 최근 대두되고 있는 인공지능과 같은 첨단기술을 어떻게 활용해야 하는지에 대해서도 대화를 가졌다.

유우석 교장은 "어떠한 문제를 해결하는 방법을 찾아가는 과정에서 창의력도 나오고 그 아이를 그 아이답게 만드는 스토리가 된다. 인공지능은 시간과 공간을 뛰어넘을 수 있는 훌륭한 도구로 활용할 가치가 있다. 다만 확산시키는데 있어서는 고민이 필요하다. 인공지능에 너무 기대면 사람과의 관계가 문제생길 수 있는데 이러한 것을 해결해가면서 도입을 해나가야 할 것"이라고 말했다.

유우석 교장은 언제나 마을의 가치를 강조한다. 그래서 해밀마을교육협의회를 만들어 마을의 구성원들, 학교밖에 있는 학부모나 주민도 교육의 중요구성원으로서 함께 교육을 만들어가야 한다는 것이 그의 생각을 현실에서 실천해 나갔다.

지난 7월에는 해밀동의 상가에서 영업하는 다양한 직업군의 상인들의 협력을 끌어내 아이들의 직업체험을 할 수 있는 기회를 마련하기도 했다.

동화작가이기도 한 유 교장은 아이들이 자신의 모습을 스스로 찾고 그것을 자신의 이야기로 만들어나가는 것에 중요한 가치를 둔다.

이제 4년간의 유우석 교장의 교육동화는 끝을 맺었다. 그러나 그가 해밀초등학교 아이들에게 뿌린 쉼과 소통, 협력이라는 혁신교육의 씨앗이 어떻게 결실이 맺어질지는 아직 끝나지 않았으며 오히려 이제부터 시작일 수도 있다.

유우석 교장은 9월 1일자로 세종시교육청교육원으로 새롭게 둥지를 튼다. 그의 혁신교육에 대한 의지와 확신이 어떤 이야기로 이어질지도 궁금한 대목이다.

해밀초등학교 유우석 교장(좌)이 왕관을 쓰고 아이들과 함께 기념촬영을 하고 있는 모습. 팻말에 "함께한 날들이 동화처럼 빛났어요"가 눈길을 끈다. 유우석 교장 SNS.

내 아이가 다녔으면 하는 학교, 그게 좋은 학교다[16]

[인터뷰] 유우석 전 해밀초 교장, 교육연수원 연수부장으로
– "지속 가능한 인격적 만남을 만드는 게 학교의 역할"

주말 낮, 전화가 울린다.

"저희 코끼리 놀이터에요. 술래잡기 짝이 부족한데 나와 주실
래요?"

친한 형도, 삼촌도 아닌, 놀랍게도 교장 선생님에게 걸려온 전화다. 초등학생들이 즐겁게 뛰어 놀다가 함께 놀고 싶은 사람으로 뽑히는 어른이 얼마나 있을까. 그것도 교장선생님 중에서 말이다.

사회가 세분화되면서교육도 더 세심해지고 있다.그렇기에 한 개인 개인을 위한 교육을위해선 학교 내에서도 선생님, 즉 교직원의 역량이 무엇보다 중요하다. '교육은 곧 인격적 만남'이라는 비전으로 미래 교육을 그려나간 사람이 있다. 바로 유우석 전 해밀초등학교 교장이다.

지난달 해밀초 교장을 그만두고현재는 세종교육청교육원에서 교육연수부장을 맡고 있다. 교육에 대한 그의 생각을 들어봤다.

선생님을 언제부터 꿈꾸셨는지 궁금하다.

학창시절 꿈이 많았다. 시골에서 태어나 많은 직업을 접해보긴 어려웠지만 장래희망 후보 중 선생님과 선장이 있었다. 바다를 동경했고,

---

16 권예진, 〈내 아이가 다녔으면 하는 학교, 그게 좋은 학교다〉, 2024.09.05, 디트
(http://www.dtnews24.com/news/articleView.html?idxno=778190)

'로빈슨 크루소'나 '80일간 세계 일주'처럼 모험과 바다 이야기를 좋아해서다. 대학을 가야 할 때쯤 어느 정도 사회와 타협이 필요했고 '선생님이 돼야겠다' 생각했다.

선생님이 되고 난 후 2015년에 태안 만리포에 있는 파도초등학교에서 교사생활을 했다. 그때 학부모 중 낚시배 사업을 하시는 분이 계셨는데, 그 분에게 부탁해 아이들과 태안 바다를 일주하기도 했다. 태안에는 지명 마다 전설이 있는데, 아이들과 함께 그런 지명들을 탐구해보기도 했다. 선생님이 됐지만, 어쨌든 아이들과 함께 선장이 되어보면서 어렸을 때 꾸던 꿈을 다 이룬 셈이다.

최근에 해밀초 교장직을 그만뒀는데, 현장이 그립지 않나

아침에 출근할 때면 해밀초로 가는 방향과 교육원으로 오는 갈림길에서 자꾸만 학교 방향을 보게 된다. 해밀초는 제 직업적으로도, 인생에서도 중요한 공간이고 그 안에서 만났던 사람들, 나눴던 이야기들 모두 시간이 지나도 중요한 공간으로 남을 것 같다.

첫 출근을 시의회로 했을 때 그때 실감이 났다. 학교에서는 언제든지 아이들이 찾아오고 아이들과 함께 웃던 공간이었는데 이제는 어른들을 만나는 공간에서 일을 하는구나 실감했다. 공기가 다르다.(웃음). 아이들이 보고싶을 때도 있지만, 자꾸만 그림자가 길어지면 안될 것 같아 참고 있다.

교장으로 일하면서 기억에 남는일이 있다면.

학교에 있으면 정말 다양한 일이 벌어지는데 한번은 한 아이가 찾아와 "누가 돋보기로 불 내려고 해요"라고 말한 적이 있었다. 그 얘기가 이미 저에게까지 왔을 땐 그 아이도 잘못된 것을 알고, 주위 친구들도 한마디씩 했을 것이기에 그 자리에 가봐도 아무 일 없을 거라는 걸 알았다. 그래도 그 말을 한 학생과 그 장소에 같이 가 봤다. 전 이게 중요하다 생각한다.

학생이 하는 말에 어른이 관심을 기울인다는 건 중요하다. 어른이 생각하는 중요한 일과 아이들이 생각하는 중요한 일은 다르기 때문이다.그래서 아이들의 말에 관심을 기울여 줘야 진짜 위험하거나 심각한 일이 생겼을 때 말을 한다. 어른들이 아이들 말을 들어주지 않는다면 진짜 중요한 일을 수면 아래로 숨길 수도 있다.

우리나라 교육에 대해 고민하는 게 있다면.

아이들 중 길고양이를 보살피는 학생이 있었다. 그 학생과 여러 차례 길고양이에 대해서 얘기를 나누다가 주민자치회에 제안해보는 게 어떻겠냐 말했다. 그 학생이 용기를 냈고, 주민자치회에 가서 '길고양이에게 집 만들어주기'를 의제로 냈지만 아쉽게도 거절당했다. 다음날 그 학생을 만났는데 그 학생은 슬퍼하지 않았다. "길고양이 집을 만들어주면 생길 수 있는 문제점도 있잖아요. 길고양이에 대한 제 생각을 말할 수 있었던 것만으로도 뿌듯했어요"라고 환하게 웃었다.

아이는 그 과정을 통해 거절을 대하는 방법을 배운 거다.교육에 있어서는 결과가 아닌 과정을 배우도록 해야 한다.왜냐하면 민주적인 소통을 거치더라도 분명히 내 의견이 거절되는 상황이 있기 때문이다. 그렇기에과정을 배워야 내 의견이 왜 거절당했는지 맥락을 파악하는 힘을 기를 수 있다.

최근 사회 문제로 대두되는 딥페이크 범죄 등 교내 폭력이 더 고도화되고 치밀해지고 있다. 여기에서 교육의 역할은 무엇이라고 보는지.

미래교육을 얘기할 때 디지털과 AI를 활용하는 것을 미래교육이라고 보는 사람들이 있다. 그런데 AI는 미래교육을 위한 도구이지 미래

교육의 목적이 아니다. 이러한 사회 흐름을 학교 현장에서 신중하게 받아들여야 한다고 본다. 디지털이 더 고도화될수록 이로 인한 부작용은 딥페이크처럼 치명적이기 때문이다.

학생들이 AI를 배우는 건 시대적 흐름이지만 AI는 어디까지나 미래 교육을 위한 도구라는 점을 잊지 말고 활용법과 동시에 이를 위한 윤리교육도 함께 진행돼야 한다고 본다.

20여 년간 교직에 몸 담았던 선배로서 이제 막 교직에 몸담은 청년 선생님에게 해주고 싶은 말이 있다면.

MZ세대는 개인과 공동체라는 가치 사이에 껴서 힘들 것 같다. 해주고 싶은 말은 사명감을 가지지 말라고 하고 싶다. 학교에서는 엄마나 아빠 같은 선생님이 아니라 이모나 삼촌같은 선생님으로 충분하다. 학교에 내 학급 있다면 오롯이 책임지려고 안 해도 된다.

한 명 성장하는데는 온갖 사람들이 같이 관계돼 있다. 본인이 담임이라 해서 아이가 무언가 어긋날 때 내 탓 같은 그런 마음은 내려놨으면 좋겠다. 어려운 게 있다면 요청하기도 하고, 힘들다고 말했으면 좋겠다.

좋은 학교란 어떤 곳이라고 생각하시는지.

옛말에 "학교는 나무 그늘에서 시작됐다"는 말이 있다. 선생님인지 모르는 사람과 학생인지 모르는사람이 얘기를 나누다가 "이 얘기를 우리 아이에게도 해주고 싶어"라는 생각에서 학교가 만들어졌다는 뜻이다.

학교는 인격적 만남을 만드는 곳이다. 인격적인 만남을 지속가능하게 만드는게 교육이고, 이를 이뤄나가는 공간이 학교가 아닐까. 내 아이가 다녔으면 하는 학교. 그게 좋은 학교라고 본다.

복잡해진 생태계, 위기 아닌 기회[17]

전환의 시기, 변화의 징후들

전환의 시기에는 늘 결정적인 순간이 있다. 2024년 12월 3일 늦은 밤과 다음날 이른 새벽, 2025년 4월 4일 헌법재판소의 판결, 그리고 2025년 6월 3일 제21대 대통령 선거. 시대의 변화는 서서히 쌓이지만, 결정적인 계기를 통해 분명히 드러난다. 2024년 12월 3일 역시 그러한 전환의 순간이었다.

비극을 막은 것은 다름 아닌 시민이었다. 국회 앞에 모인 이들, 의도적으로 명령을 소극 수행한 군인들, 그리고 분노하지만 유쾌하게, 때론 강력하게 저항했던 수많은 시민들이 있었다. 완전한 내란의 종식은 아직 이루어지지 않았지만, 역사를 움직이는 실질적인 힘은 특정 인물이나 사건이 아니라 바로 시민이었다.

교육도 마찬가지다. 5세 입학, 늘봄학교, 의대 정원 확대 등은 충분한 논의가 가능한 사안임에도 독단적인 방식으로 추진되었다. 이는 그런 시대가 이미 지나갔음을 보여주는 상징적인 사례들이 되었다. 기술의 발전과 함께 계몽의 시대는 저물고 있다.

진짜 문제는 변화가 시대정신과 조응하지 못할 때 생긴다. 교육생태계가 복잡해진 자체가 문제가 아니라, 복잡해진 현실에 기존의 학교체계가 제대로 대응하지 못하는 것이 문제다. 우리는 이 복잡성을 이해하고 그게 걸맞은는 새로운 '학교 문법'을 만들어야 한다. 즉, 더 깊고 더 넓은 민주주의의 시대에 맞춰, 시민 중심의 교육 패러다임이 필요하다.

17　유우석(세종마을교육연구소 소장), 세종교육연대 주관 토론회 토론 원고

리더십의 변화, 시대가 요구하는 관리자상

얼마 전 전교조와 세종교사노조가 공동으로 교원을 대상으로 한 설문조사 결과가 기사화되었다[18]. 이 설문은 교육청 인사제도, 특히 승진 제도와 관련한 논의의 일환이었다. 관리자의 핵심 역량으로는 소통 및 민주적 의사결정 능력(70.2%), 악성 민원 대응을 위한 솔선수범 리더십(70.2%), 그리고 업무경감을 통한 수업집중 환경 조성(52.4%)이 주요하게 나타났다. 반면, 수업 코칭이나 장학 역량은 단 5.2%에 불과했다.

이 데이터는 관리자에게 기대하는 것이 더 이상 새로운 정보를 가르치는 전문가가 아니라, 소통하고 공감하며 안전한 교육 환경을 만드는 '연결자'라는 사실을 보여준다. 학교장 리더십에 대한 요구가 분명히 달라지고 있다는 것이다.

이러한 인식은 교사뿐 아니라 학교의 다양한 직군에도 유사하게 적용될 수 있다. 지방공무원, 조리실무사, 시설관리원, 청소위생사, 교무행정사 등 다양한 구성원들 역시 관리자에게 자신의 업무를 대신해주기를 바라지는 않는다. 오히려 소통과 공감, 연결자로서의 역할, 일할 수 있는 환경 조성을 더 중요하게 생각할 것이다. 학교 구성원 모두가 기대하는 학교장의 역할은 이제 '관리자'에서 '공동체 조성자'로 이동하고 있다.

세종 교사 10명 중 7명 "관리자는 소통·민원 대응 역량 갖춰야"...교육청의 실적 중심 승진가산점 개정 반대

---

18   김이연심, 〈세종 교사 10명 중 7명 "관리자는 소통·민원 대응 역량 갖춰야"...교육청의 실적 중심 승진가산점 개정 반대〉, 2025.6.16, 뉴스피치(https://www.newspeach.com/news/articleView.html?idxno=6392)

16일, 전교조 세종지부와 세종교사노조는 지난 12일부터 13일까지 이틀간 실시한 긴급 설문조사 결과를 전격 발표하며, 세종시교육청의 '교육공무원 승진가산점 평정 규정 개정안'에 대한 현장 교사들의 우려와 반대 여론을 공개했다.

이번 설문에는 세종 지역 교사 651명이 참여했다. 조사 결과, 교사들은 획일적인 실적 중심의 가산점 평가 방식보다는 민주적인 소통 능력과 민원 대응 역량을 갖춘 관리자를 더 선호하는 것으로 나타났다.

교사들이 꼽은 관리자의 핵심 역량은 '구성원과의 소통 및 민주적 의사 결정 능력'(77.4%), '악성 민원 대응을 위한 솔선수범 리더십'(70.2%), '업무 경감을 통한 수업 집중 환경 조성'(52.4%) 순으로 나타났으며, '수업 코칭 등 장학 역량'은 5.2%에 불과했다.

이러한 결과는 관리자가 갖춰야 할 역량이 단순히 수업 실적을 나열하는 '수업 전문성'이 아니라, 학교 공동체의 운영과 교사 보호를 가능케 하는 소통 중심의 리더십임을 분명히 보여주는 대목이다.

공동체가 키우는 리더, 함께 결정하는 리더십

관리자의 또 다른 핵심 역량은 구성원이 리더로 성장할 수 있는 환경을 조성하는 것이다. 학교장이 학교의 모든 세부를 조율하고 결정하는 시대는 지났다. 그렇게 하는 것이 효율적이지도, 바람직하지도 않다.

많은 학교장이 공식·비공식 자리에서 스스로를 무거운 책임의 주체로 여기며, 고독한 결단을 '리더십'이라 생각한다. 그러나 구성원은 학교장이 슈퍼맨이 되어 모든 문제를 해결하길 바라지 않는다. 오히려 함께 논의하고, 함께 비를 맞으며, 때로는 작은 우산이 되어주는 것을 원한다.

물론 결단이 필요할 때도 있다. 하지만 그 결단 역시 학교장의 고독이 아니라 공동의 논의 속에서 이루어져야 한다. 예컨대, 서이초 사건 이후 9.4. 공교육 멈춤의 날. 재량휴업일 지정을 두고 학교 현장이 혼란스러웠던 시기에는 학생, 학부모, 교사의 의견을 듣고 심의 과정을 거친 뒤 학교장의 결단이 필요했다.

어떤 일은 양자 간 선택을 해야 하는 경우도 있다. 그러나 양자택일의 상황에도 여백은 존재한다. 그런 여백 속에서 학부모회는 재량휴업일의 빈 공간을 채웠고, 지역사회는 지지와 응원을 보냈다. 이는 공동의 문제를 함께 고민했기 때문에 가능한 일이었다. 이러한 과정이 전제된 후 학교장의 결단은 공동체의 신뢰를 더욱 단단하게 만들었다.

우리의 문제는 '지금, 여기' 함께하는 사람들과

코로나19는 이제 과거가 되었지만, 위기의 순간은 언제든 다시 찾아올 수 있다. 평화로운 일상일 때는 모든 것이 좋아 보이지만, 변화는 늘 존재하며 그 속에서 갈등과 위기는 반복된다. 중요한 것은 위기를 피하는 것이 아니라, 그 이후를 어떻게 넘어설 것인가 하는 리더십이다. 다시 말해, 갈등이 없도록 만드는 것보다 갈등 이후를 함께 극복해가는 리더십이 필요하다.

이때 가장 효과적으로 작동한 것이 바로 '공유'였다. 코로나19 당시, 관련된 정보를 가능한 한 많이 공유하려고 했다. 규모가 큰 조직이었기에 한 자리에서 동시에 모든 정보를 나눌 수는 없었지만, 학년부장 등 중간 리더들과 최대한 정보를 공유했다. 일부 개인정보가 포함되어 있었지만, 그것은 공적 목적으로 수집되었고, 공공의 이익을 위한 사용이라는 점에서 내부적으로 합의가 가능했다.

공유는 단순한 정보전달을 넘어, 논의와 의사결정의 기반이 된다.

더 나은 결정을 가능하게 하고, 때로는 다양한 이해관계를 조율할 수 있는 실마리가 된다. 현실적인 고민까지 함께 나누며 쌓이는 신뢰가 결국 조직을 단단하게 만든다. "당신을 믿는다"는 말도 중요하지만, 일상적인 공동체는 말보다 실천으로 신뢰를 증명해야 한다.

중간리더들은 자신이 속한 작은 공동체에서 필요한 정보를 공유하고, 그 안에서 대안을 찾아낸다. 물론 각자 개인으로 참여했던 사람들은 저마다의 관점과 생각으로 방안을 모색하고, 정답 없는 시대에 자신만의 최선을 실천해나간다.

우리가 만든 문제, 우리가 함께 풀어야 할 과제

복잡한 문제를 하나하나 들여다보면, 사실 그 상당수는 우리가 지금까지 만들어온 것이다. 물론 그것이 꼭 '나'의 책임은 아닐 수도 있고, 어떤 문제는 다른 사람이 만든 것일 수 있다. 그러나 그런 외부에서 비롯된 문제일수록 더욱 적대적으로 느껴지고, 높고 두꺼운 벽처럼 다가온다. 쉽게 해결되지 않는다.

어떤 문제는 우리의 요구에서 비롯된 것이기도 하고, 또 어떤 문제는 다른 분야 사람들의 요구일 수 있다. 또 어떤 것은 좋은 의도에서 시작되었지만 결과가 달랐던 경우도 있으며, 장기적 안목 없이 추진되거나 현장에 대한 이해 없이 쏟아져 들어온 정책들도 있었다.

한 번 시행된 정책이나 제도를 되돌리는 것은 매우 어렵다. 그 시점에는 옳았지만 지금은 맞지 않는 경우도 있다. 그리고 이런 문제들은 앞으로도 반복될 것이다. 살아 있는 것들은 늘 변하기 마련이기 때문이다.

그러나 우리는 여전히 기본적인 기준과 방향을 설정할 수 있다. 어떤 것은 우리가 요구해야 할 일이고, 어떤 것은 우리가 직접 해낼 수 있는 일이다. 어떤 문제는 단기적으로 해결해야 하고, 어떤 것은 장기적인 관점에서 접근해야 한다. 어떤 것은 제도로 풀어야 하며, 어떤 것은 교육운동이나 문화운동의 방식으로 접근해야 한다. 그리고 어떤 문제는 충분한 논의와 함께 결단이 필요한 사안이다.

지금처럼 복잡해진 생태계에서는 어느 순간 결단을 내리는 것이 오히려 더 어렵다. 따라서 우선적으로 '논의'가 필요하다. 논의는 더 큰 틀에서 사회적 합의를 이끌어내야 하며, 그 결과는 제도로 나타날 것이다. 그러나 제도에는 반드시 여백이 필요하다. 크고 작은 숙의 과정을 통해 그 여백을 채워가야 하고, 이를 존중하는 문화가 함께 만들어져야 한다. 양자택일의 논리에서 벗어나 어떤 선택이든, 그 선택을 '좋은 선택'으로 만들어갈 수 있는 과정을 만드는 것이 중요하다.

더 깊은 민주주의, 더 넓은 민주주의를 만들어가는 시민으로서 숙의과정을 만들어가되 전문가 집단을 포함하여 다양한 주체 간의 협의를 해나가야 한다[19].

전환점에서, 세종과 함께

2024년 12월 3일은 시대의 전환을 알리는 분명한 계기였다. 참여하는 시민의 등장은 국민이 주권자임을 다시금 드러냈고, 국민의 뜻을 받아 새로운 정부가 출범했다. 이는 국가적 차원의 전환점이다.

세종은 자치와 분권을 상징하는 실질적인 수도로서 위상을 확립해가고 있다. 나아가 세종은 새로운 대한민국의 모델 도시로 자리매김할 것이며, 세종교육 역시 이러한 국가적 전환의 흐름에 맞춰 새로운 교육의 모델로 나아가야 한다.

지금까지 세종교육은 학교 설립과 학생 배치 같은 기반 조성과 함께,

---

19 "참여와 숙의와 여는 세종교육의 미래"…새로운학교 세종네트워크, '돌봄 그리고 학교' 공론장 운영, 2025.6.20, 뉴스피치(https://www.newspeach.com/news/articleView.html?idxno=6435)

'혁신교육'이라는 내용을 채워왔다. 지난 10년 동안은 비교적 예산 여건이 나쁘지 않아 다양한 정책과 사업이 가능했지만, 전 정권부터 세수 부족이 지속되면서 쌓아둔 기금을 활용해 가까스로 예년 수준의 예산을 맞추는 상황이 이어지고 있다. 2026년에는 예산 집행이 한층 더 어려워질 전망이다. 물론 새 정부에 대한 기대도 있지만, 현실적으로는 회복에 시간이 필요하다.

브라질의 생태도시 꾸리리치바를 설계한 자이메 레르네르(Jaime Lerner)시장은 "예산에서 0 하나를 빼면 창의성이 시작되고, 0 두 개를 빼면 더욱 좋다"고 말했다. 예산 부족은 분명 위기지만, 그것이 곧 창의성과 협력의 여지를 만들어내는 기회가 될 수 있다. 뺄셈을 통해 여백을 만들고, 새로운 합의를 통해 위기를 기회로 전환해야 한다.

교육청은 '사람', '네트워크', '플랫폼' 중심의 구조로 재정립되어야 한다. 사람과 가까이에서 직접 연결되는 방식의 지원체계가 필요하다. 학교는 기초기본교육의 책임을 지고, 아이들의 배움을 확장할 수 있도록 지역사회와 연결되는 허브의 역할을 해야 한다. 살아있는 교육기관으로 시대와 호흡하는 힘을 가져야 한다. 지역과 마을은 아이들의 배움과 삶의 공간이 되어야 한다. 마을교육지원센터나 교육재단을 통해 인프라를 구축하고, 정규수업 이후 시간과 방학까지 책임질 수 있어야 한다. 그 시간을 통해 아이들은 다양한 삶의 경험 속에서 자신을 찾아가고, 스스로의 역할을 발견할 수 있다.

세종은 가능하다. 그리고 세종이기에 가능하다.

V

교육수도로서의 세종, K-교육의 새로운 시작

세종은 행정의 도시로 출발했지만,
이제 교육의 미래를 묻는 도시가 되었다.

이곳에서 학교는 지침을 따르는 공간이 아니라
아이, 교사, 마을이 함께 교육을 만들어가는 현장이었고,
위기 속에서도 멈추지 않는 선택의 주체였다.

세종에서의 교육 실험은
공교육이 어디까지 확장될 수 있는지를 보여준다.
학교를 넘어 마을로,
교실을 넘어 삶으로 이어지는 배움.

V부는 세종의 경험을 통해
'교육수도'가 무엇인지,
그리고 그것이 K-교육의 새로운 출발점이 될 수 있는 이유를 묻는다.

1

왜 교육수도인가

세종은 행정수도로 출발했지만, 행정 기능만으로는 도시의 정체성과 미래 비전을 온전히 설명할 수 없다. 행정은 도시를 움직이는 뼈대라면, 교육은 그 도시에 살아가는 사람들의 삶과 문화를 빚어내는 심장에 가깝다.

세종이 진정한 국가 균형발전의 상징이 되기 위해서는 단순히 정부 부처가 모여 있는 공간을 넘어 대한민국 교육의 방향을 제시하고 실험하는 '교육 수도'로 자리매김해야 한다는 문제의식이 필요하다. 행정과 교육이 함께 있을 때에만 도시가 단순한 관청의 집합을 넘어 미래를 설계하는 플랫폼이 될 수 있기 때문이다.

대한민국의 미래 경쟁력은 더 이상 토지나 자본과 같은 전통적인 성장 동력에 의존할 수 없다. 인구 감소와 고령화, 기후위기, 디지털 전환과 같은 거대한 변화 앞에서, 지속 가능한 발전을 가능하게 하는 가장 중요한 자원은 결국 사람이고, 그 사람을 키우는 힘은 공교육과 평생학습에 있다. 이 점에서 세종은 국가 차원의 교육 실험과 정책을 설계하고 총괄할 수 있는 독특한 위치에 있다.

　중앙부처와 교육 관련 기관, 국책연구기관이 인접해 있기 때문에, 정책이 책상 위 구상에 머무르지 않고 곧바로 학교와 마을, 지역사회에서 실험되고 피드백될 수 있는 구조를 갖추고 있다. 다시 말해, 세종은 '정책–현장–평가'가 하나의 순환 고리 안에서 돌아갈 수 있는 드문 도시이다.

　기존의 대도시 중심 교육은 분명 일정한 성과를 거두었지만, 동시에 여러 문제를 낳았다. 무엇보다 과도한 입시 경쟁은 아이들의 일상을 성적과 비교, 불안으로 채워 놓았고, 교육의 목표를 '좋은 대학 진학'이라는 좁은 통로 안에 가두어 버렸다.

　지역 간 격차 문제도 여전하다. 수도권과 일부 대도시에 교육 자원과 기회가 집중되면서, 지방과 농어촌, 신도시는 상대적 박탈감과 열세를 감수해야 했다. 학교와 마을의 단절 역시 심각한 문제였다.

　학교는 담장 안에서만 교육을 수행하고, 마을은 아이들을 돌보고 키우는 공동체가 아니라 단순한 거주 공간으로 머무르는 경우가 많았다. 그 결과, 아이들은 자신이 살고 있는 도시와 지역을 '함께 만들어 가는 삶의 터전'이 아니라, 대학에 가기 전 잠시 머무르는 정거장 정도로 인식하는 경향이 커졌다.

　세종은 이러한 구조적 한계를 '다르게 시작할 수 있는 도시'라는 점에서 주목할 필요가 있다. 세종은 비교적 새롭게 설계된 도시이기 때문에, 기존 대도시처럼 이미 고착된 이해관계와 교육 문화가 상대적으로 약하다.

　학교 배치, 교육과정 편성, 마을과의 연계, 학생·학부모 참여 구조 등을 처음부터 미래지향적으로 설계할 여지가 크다. 또한 신도시와 구도심이 공존하는 구조 속에서 서로 다른 교육 경험과 문화를 조화시키며 새로운 모델을 만들 수 있는 가능성도 크다. 이런 점에서 세종은 과거의 틀을 답습하기보다, 대한민국 교육이 안고 있는 문제들을 직면하고 새로운 해법을 모색할 수 있는 '리셋의 공간'이라고 할 수 있다.

"행정 수도를 넘어 교육 수도로"라는 문장은 단순한 수사가 아니라, 세종이 어떤 도시가 되어야 하는지를 압축적으로 드러내는 비전이다. 행정 수도로서의 세종은 국가의 중요한 결정을 만들고 집행하는 공간이다. 그러나 교육 수도로서의 세종은 그 결정을 이끌어 갈 시민과 공직자, 교사와 학생, 다양한 전문가를 길러내는 공간이기도 하다. 행정이 제도를 만든다면, 교육은 그 제도를 운용하고 개선해 나갈 사람을 키운다. 따라서 세종은 행정 중심 도시에서 한 발 더 나아가, 교육·문화·복지·시민 참여가 서로 연결되고 통합된 미래 도시로 전환되어야 한다.

교육 수도란 도시 전체가 하나의 거대한 배움의 생태계로 작동하는 상태를 의미한다. 학교는 배움의 중심이지만 유일한 장소는 아니며, 도서관·박물관·문화시설·공공기관·마을 공간이 모두 교육의 장이 되는 도시가 바로 교육 수도이다. 세종이 이런 도시로 나아간다면, 아이들은 교과서 속 지식뿐 아니라 자신이 사는 도시의 역사와 문제, 미래 과제를 직접 탐구하며 성장할 수 있다. 시민 역시 행정 정보의 수동적 수혜자가 아니라, 정책 형성과 도시 계획에 참여하는 '학습하는 시민'으로 거듭날 수 있다. 행정이 일방적으로 정책을 내리는 구조가 아니라, 교육을 통해 성장한 시민과 함께 정책을 만들어 가는 구조가 형성되는 것이다.

결국 "왜 교육 수도인가?"라는 질문은 "어떤 도시가 미래를 여는 도시인가?"라는 질문과 맞닿아 있다. 세종이 단지 관공서가 모여 있는 도시로 남을 것인지, 아니면 사람을 키우고 새로운 교육 모델을 만들어 대한민국 전체의 방향을 이끄는 도시가 될 것인지는 지금의 선택에 달려 있다. 행정 수도 세종이 교육 수도 세종으로 확장될 때, 이 도시는 정책과 행정의 중심을 넘어, 배움과 성장, 연대와 실험의 중심 도시로 거듭날 수 있다. 그리고 바로 그 지점에서, 세종은 대한민국 미래 교육의 출발점이자 상징 도시로 자리매김하게 될 것이다.

2

세종이 가진
구조적·역사적 강점

세종은 중앙부처와 교육 관련 기관, 국책연구기관이 모여 있는 도시라는 점에서 다른 어느 지역보다 정책과 교육현장이 물리적으로 가깝다는 강점을 지닌다. 행정과 연구, 학교와 마을이 한 도시 안에 밀도 있게 공존한다는 사실은 교육정책이 책상 위에서만 논의되고 끝나는 것이 아니라, 곧바로 교실과 생활 세계에서 실험되고 피드백될 수 있다는 가능성을 의미한다. 회의실에서 논의된 새로운 평가 방식, 학생 참여 제도, 디지털·AI 교육 모델이 세종의 학교 교무회의와 수업, 마을 프로젝트 속에서 빠르게 살아 움직이는 구조를 갖출 수 있는 것이다. 이처럼 세종은 정책과 실천이 오랜 시간을 두고 분리되어 흘러가는 곳이 아니라, 하나의 생태계 안에서 긴밀하게 순환하는 도시다.

세종시 출범 이후의 교육은 이미 오래전에 구조가 굳어져 버린 대도시와는 다른 출발선에서 시작되었다. 학교 신설, 교육 모델 설계, 마을 교육공동체 구축이 동시에 진행되면서, 제도와 문화, 공간을 '덜 굳어져 있는 상태'에서 새롭게 그릴 수 있는 여지가 열려 있었다. 오래된 관행과 이해관계가 교육 혁신의 발목을 잡기 전에, 학교와 교육청, 마을이 함께 어떤 학교를 만들고 싶은지, 어떤 배움의 도시를 꿈꾸는지 비교적 자유롭게 논의할 수 있었다. 바로 이 지점에서 세종의 개방성과 유연성이 드러난다. 세종은 이미 완성된 교육 모델을 답습하는 도시가 아니라, 다양한 시도 속에서 자기만의 길을 찾아가는 '진행형 도시'다.

그동안 세종에서 추진된 여러 교육 실험은 크게 세 가지 축으로 나누어 볼 수 있다. 첫째는 학교 내부의 변화이다. 많은 학교에서 교사협의 문화가 강화되면서, 개별 교사의 고립된 수업이 아니라 학년과 교과를 넘나드는 공동 설계가 시도되고 있다. 프로젝트형 수업이 확산되며, 국어·사회·과학·예술이 하나의 주제 아래 엮이는 통합적 배움의 장면들이 늘어나고 있다. 이를 통해 학생들은 교과서를 단위로 쪼개진 지식이 아니라 세상과 연결된 문제를 중심으로 사고하는 경험을 하게 된다. 교사들 역시 서로의 수업을 나누고 피드백하며 '혼자 버티는 교실'에서 '함께 만드는 배움'으로 나아가고 있다.

둘째는 학교와 마을의 연대이다. 세종에서는 마을교실, 시민강사, 공공기관과 연계한 수업이 점차 일상적인 풍경이 되어 가고 있다. 도서관, 박물관, 연구소, 공공기관, 문화시설이 교실 밖의 배움터가 되면서, 학생들은 자신이 사는 도시를 살아 있는 교과서처럼 경험한다. 지역의 어른들이 마을교사·시민강사로 참여해 자신의 전문성과 삶의 이야기를 나누고, 청소년들은 멘토링과 공동 프로젝트를 통해 새로운 진로와 세계를 상상하게 된다. 이렇게 학교의 담장이 열리면서, 교육은 학교만의 일이 아니라 마을 전체가 함께 책임지는 과제가 된다.

셋째는 학생 주도 활동의 확장이다. 세종의 많은 학교에서 학생자치회와 동아리 활동이 단순한 행사 준비를 넘어, 학교와 지역 의제에 참여하는 통로로 자리 잡아 가고 있다. 학생들은 학교 규칙 개선, 공간 재구성, 급식과 행사 기획뿐 아니라, 지역 환경 문제, 교통, 청소년 인권과 같은 주제를 두고 토론회와 포럼을 진행한다. 이 과정에서 아이들은 '정해진 프로그램에 참여하는 대상'을 넘어, 스스로 의제를 제기하고 해결책을 찾아가는 주체로 성장한다. 학교는 이들의 목소리를 정책과 문화 변화로 연결하는 훈련을 쌓아 가며, 민주주의를 배우고 실천하는 장으로서의 역할을 강화한다.

모든 흐름을 관통하는 문장은 "세종은 아직도 진행형 도시이며, 교육 역시 완성된 모델이 아니라 함께 만들어 가는 과정에 있다."는 말이다.

세종의 교육은 완결된 정답을 가진 체계가 아니라 다양한 실험과 협력을 통해 더 나은 형태를 찾아가는 여정 위에 서 있다. 도시의 구조와 문화가 아직 굳어지지 않았다는 사실은 불안정함이자 동시에 기회다.

교사와 학생, 학부모와 시민, 행정과 연구기관이 이 열린 상태를 두려워하기보다, 서로를 향해 한 걸음씩 더 다가갈 때 세종은 진정한 '교육 수도'로 성장할 수 있다. 바로 이 개방성과 유연성이 세종 교육이 가진 가장 큰 가능성이며, 앞으로도 계속 확장해야 할 세종의 정체성이다.

3

세종에서 이미 시작된
K-교육의 장면들

K-팝, K-콘텐츠가 한국 사회의 역사와 문화, 산업 역량이 결집된 결과물인 것처럼, 'K-교육' 또한 단순한 국가 브랜드가 아니라 한국 사회가 오랫동안 축적해 온 교육 경험의 장점과 한계를 재구성해 미래형으로 설계하는 작업이다.

이는 과거의 성취를 미화하는 일도, 문제만을 과장하는 일도 아니다. 치열한 교육열과 높은 학업 성취, 촘촘한 공교육 체계라는 강점 위에, 입시 중심 문화, 경쟁과 불평등, 돌봄의 부담과 같은 한계를 정직하게 마주 보며 다음 세대를 위한 새로운 교육 패러다임을 만들어 가는 과정이 바로 K-교육의 본질이다.

다시 말해 K-교육은 "한국에서만 통하는 교육"이 아니라, 한국이 먼저 부딪힌 문제들 속에서 길어 올린 해법을 세계와 나누는 미래지향적 공공 프로젝트다.

첫째 축은 전인적 성장이다. K-교육이 지향하는 전인적 성장은 지식과 기능의 습득을 넘어, 관계 맺기와 감정 이해, 시민성, 돌봄의 감수성을 포함하는 교육을 뜻한다. 아이가 어떤 점수를 받았는지만이 아니라 친구와 어떻게 갈등을 조정하고 협력하는지, 자신의 감정을 어떻게 인식하고 표현하는지, 사회적 약자와 다른 의견을 가진 사람을 어떻게 대하는지를 함께 묻는 교육이다.

교실에서의 프로젝트 수업, 또래와의 협력 활동, 지역사회와 연계된 체험은 모두 이 전인적 성장을 지향하는 구체적 방식이 될 수 있다. 이 과정에서 교사는 지식을 전달하는 사람을 넘어 아이들의 삶과 성장 전체를 지켜보는 동반자로서 역할을 확장하게 된다.

전인적 성장은 또한 돌봄의 차원과 깊이 연결된다. 학생이 학교에서 존중받고 안전하다고 느끼는 경험, 실수와 실패를 했을 때 다시 시도할 수 있도록 지지받는 경험은 삶 전체를 떠받치는 중요한 자산이 된다.

K-교육은 성적과 스펙이 아닌, 한 사람의 삶 전체를 보고 길게 응원하는 시스템을 지향한다. 세종 같은 도시가 전인적 성장을 도시에 스며들게 만들려면, 학교뿐만 아니라 도서관·청소년센터·문화시설·주민공동체가 함께 아이들의 감정과 관계, 시민성을 돌보는 주체가 되어야 한다. 전인적 성장이라는 가치는 결국 도시 전체의 문화와 만나야 비로소 힘을 갖는다.

둘째 축은 민주성과 공공성이다. K-교육이 말하는 민주성은 교과서에 민주주의를 배우는 데 그치지 않고, 학교와 교육 시스템이 민주적 원리 위에 설 때 비로소 완성된다. 학생, 학부모, 교사가 함께 학교의 규칙과 교육과정, 예산과 공간의 사용 방식에 대해 논의하고 결정하는 구조가 필요하다.

학생자치회와 학부모회, 학교운영위원회가 형식적 기구가 아니라 실제로 학교 방향을 바꾸는 힘을 가질 때, 학교는 '민주주의를 가르치는 공간'이 아니라 '민주주의를 살아 보는 공간'이 된다. 공공성 역시 마찬가지다. 학교는 특정 계층이나 집단만을 위한 서비스가 아니라, 모두의 아이를 함께 책임지는 공공재라는 인식이 제도와 재정, 문화 전반에 뿌리내려야 한다.

셋째 축은 디지털·AI 시대 역량이다. K-교육은 단순히 코딩을 몇 시간 더 가르치거나, 교실에 기기를 보급하는 수준을 넘어야 한다. 데이터가 어떻게 만들어지고 활용되는지, 알고리즘이 어떤 기준으로 사람을 분류하고 추천하는지, 생성형 AI와 함께 일할 때 사람의 역할은 무엇인지 묻는 교육이 필요하다.

학생들은 디지털 기술을 소비하는 사용자에 머무르지 않고, 그 구조와 윤리를 이해하는 시민이 되어야 한다. 이를 위해서는 교과 안팎에서 데이터 분석, 미디어 리터러시, AI 윤리를 다루는 수업이 확장되어야 하고, 교사들이 이러한 주제에 자신 있게 접근할 수 있도록 지원하는 체계가 뒤따라야 한다. 디지털·AI 역량은 기술 숙련을 넘어, 기술과 사회의 관계를 비판적으로 성찰하는 힘이기도 하다.

넷째 축은 포용성과 형평성이다. 출발선이 다른 아이들이 동일한 존엄과 기회를 누리도록 돕는 것은 K-교육의 핵심 과제다. 가정 배경, 장애 유무, 거주 지역, 언어와 문화적 배경에 따라 아이들의 삶의 조건은 크게 다르다. 포용성과 형평성을 중시하는 교육은 이러한 차이를 보지 않은 척하지 않고, 필요한 지원과 자원을 더 많이 제공함으로써 실제 기회의 평등에 다가가려는 시도다.

이를 위해서는 촘촘한 기초학력 지원, 돌봄과 상담, 다문화·이주 배경 아동 지원, 장애·비장애 통합교육, 청소년 복지 정책이 교육과 유기적으로 연결되어야 한다. 형식적 기회 제공이 아니라, 실제로 "이 아이가 여기에서 성장할 수 있는 조건이 마련되어 있는가"를 묻는 시선이 필요하다.

세종은 이 네 가지 가치를 하나의 도시 안에서 동시에 설계·실행·평가할 수 있는 '도시 단위 실험실'이 될 수 있는 드문 사례다. 한 학교나 한 교육지원청 수준의 실험을 넘어, 도시 전체의 학교와 마을, 공공기관이 같은 비전으로 움직일 수 있는 잠재력을 갖고 있기 때문이다.

전인적 성장을 위해 학교·복지·보건·문화 정책이 함께 설계되고, 민주성과 공공성을 위해 시민참여 플랫폼과 학교 의사결정 구조가 연계되며, 디지털·AI 역량을 위해 도시 인프라와 교육과정이 함께 설계될 수 있다. 포용성과 형평성을 지향하는 교육은 교실 안의 보충수업을 넘어, 교통·주거·복지 정책과 맞물려야 비로소 효과를 낸다.

바로 이 지점에서 "K-교육은 교실 안의 혁신에 그치지 않고 도시의 구조를 바꾸는 힘"이라는 메시지가 살아난다. 통학로와 대중교통, 청소년이 머무를 수 있는 공공 공간, 도서관과 문화시설의 배치, 돌봄과 복지 서비스의 구성 방식까지 교육의 관점에서 다시 설계될 때, 도시는 아이들에게 다른 얼굴을 보여 준다.

세종이 교육·교통·복지·문화 정책을 K-교육의 네 가지 가치와 연결해 재구성한다면, 이 도시는 하나의 거대한 배움의 장, 살아 있는 교육 모델로 거듭날 수 있다. 그리고 그렇게 도시의 구조까지 바꾸는 교육, 도시와 함께 성장하는 교육이야말로 K-교육이 지향해야 할 궁극적인 모습일 것이다.

K-팝과 K-콘텐츠가 한국 사회가 축적해 온 문화적 에너지와 산업 역량을 새롭게 조합해 만든 결과물이라면, 'K-교육'은 한국의 교육 경험이 지닌 장점과 한계를 다시 짚고, 이를 미래 세대에 맞게 재설계하는 과정 자체를 뜻한다. 오랫동안 한국 교육은 높은 학업 성취와 촘촘한 공교육 체계, 뜨거운 학부모·지역의 교육 열기라는 강점을 보여 왔다.

동시에 입시 위주의 경쟁, 행복과 삶의 질의 후순위화, 출발선의 격차와 같은 문제도 뚜렷했다. K-교육은 이 두 얼굴을 함께 인정하고, 무엇을 계승하고 무엇을 바꿀지에 대한 사회적 합의를 바탕으로 새로운 교육 패러다임을 만들어 가는 일이다. 그래서 K-교육은 단지 "한국식 교육"을 이름 붙여 포장하는 브랜딩이 아니라, 한국이 먼저 겪은 교육의 과제들에 대해 세계와 공유할 수 있는 해법을 만들어 가는 장기 프로젝트라고 할 수 있다.

K-교육이 지향해야 할 첫 번째 핵심 가치는 전인적 성장이다. 전인적 성장은 지식·기능의 습득을 넘어 관계, 감정, 시민성, 돌봄을 함께 키우는 교육을 의미한다. 여기서 중요한 질문은 "이 학생이 무엇을 아는가?"를 넘어서 "어떤 사람으로 성장하고 있는가?"이다.

교실에서는 프로젝트 수업, 협력 학습, 토론과 글쓰기, 예술·체육 활동이 어우러지며, 학생들이 서로를 이해하고 함께 문제를 풀어 가는 경험을 쌓게 된다. 갈등 상황에서 타인의 입장을 상상해 보고, 자신의 감정을 적절히 표현하며, 공동의 규칙을 함께 만들어 가는 경험은 시험 점수로는 측정할 수 없지만 삶 전체를 떠받치는 힘이 된다. 전인적 성장은 또한 돌봄과 깊이 연결된다.

실수해도 다시 시도할 수 있다는 확신, 학교에서 존중받고 있다는 감각, 어른들이 자신을 끝까지 지지할 것이라는 신뢰는 학생에게 강력한 심리적 안전망을 제공한다. K-교육은 바로 이 안전망 위에서 지식과 역량이 자랄 수 있도록, 교실·학교·지역사회 전체의 문화를 바꾸는 것을 목표로 한다.

두 번째 가치는 민주성과 공공성이다. 민주성은 교과서 속 민주주의 이론을 배우는 것에 그치지 않고, 학교 운영과 학습 과정이 실제로 민주적 원리로 작동하는 것을 포함한다. 학생, 학부모, 교사가 함께 학교의 규칙과 교육과정, 공간 사용과 예산 방향에 대해 논의하고 결정에 참여할 때, 학교는 단순히 '민주주의를 가르치는 곳'을 넘어 '민주주의를 살아 보는 곳'이 된다.

공공성은 학교가 특정 집단이나 계층의 이해에 종속되지 않고, 모든 아이들의 기본 권리와 성장 가능성을 보장하는 공적 공간임을 분명히 하는 가치다. 이를 위해서는 학교 자치기구의 실질화, 학부모와 시민의 공론장 확대, 교육 재정의 공정하고 투명한 배분이 필요하다. 민주성과 공공성이 함께 작동할 때, 학교는 사회의 불평등을 그대로 재생산하는 곳이 아니라 새로운 공동체의 규범과 문화를 실험하는 장으로 거듭난다.

세 번째 가치는 디지털·AI 시대 역량이다. K-교육에서 말하는 디지털·AI 역량은 단순히 코딩을 익히고 기기를 잘 다루는 기술적 능력에 머물지 않는다. 데이터가 어떤 방식으로 수집·분석되고, 알고리즘이 사람과 정보를 어떻게 분류하고 추천하는지 이해하는 능력, 그리고 그 과정에 내포된 편향과 위험을 비판적으로 바라볼 수 있는 시민적 감수성이 함께 요구된다.

학생들은 생성형 AI와 협력해 글을 쓰거나 문제를 해결하면서도, 무엇을 AI에 맡기고 무엇은 스스로 판단해야 하는지, 결과물을 어떻게 검증하고 책임질 것인지를 고민해야 한다. 이를 위해 교실에서는 미디어 리터러시, 데이터 읽기, AI 윤리를 다루는 활동이 확장되어야 하며, 교사들 역시 새로운 기술과 교육 방법을 함께 연구·실험할 수 있는 지원을 받아야 한다. 디지털·AI 시대 역량은 결국 "기술을 잘 쓰는 사람"을 넘어 "기술과 함께 살아갈 사회를 설계하는 시민"을 길러내는 교육과 연결된다.

네 번째 가치는 포용성과 형평성이다. 출발선이 다른 아이들이 동일한 존엄과 실질적인 기회를 누릴 수 있도록 돕는 것은 K-교육이 절대로 양보할 수 없는 지점이다. 가정의 경제적 조건, 부모의 학력과 직업, 장애 여부, 이주·다문화 배경, 거주 지역 등에 따라 아이들이 맞닥뜨리는 장벽은 크게 다르다. 포용성은 이런 차이를 '문제'로 보는 대신,

서로 다른 이야기를 가진 아이들이 함께 배울 수 있는 환경을 만드는 노력이다.

형평성은 단순한 '기회의 평등' 선언을 넘어, 더 많은 도움이 필요한 아이들에게 더 두텁고 정교한 지원을 제공하는 시스템을 의미한다. 기초학력 지원, 심리·정서 상담, 돌봄 서비스, 언어·문화적 지원, 통합교육과 같은 정책이 교육·복지·보건과 긴밀히 연결되어야만 실제 변화가 일어난다. 포용성과 형평성을 중시하는 K-교육은 결국 "이 도시에서 어떤 아이도 배움의 자리에서 밀려나지 않도록 하겠다."는 사회적 약속이다.

세종은 이 네 가지 가치를 하나의 도시 안에서 동시에 설계·실행·평가할 수 있는 '도시 단위 실험실'이 될 수 있는 곳이다. 한 학교나 한 교육지원청의 단발적 시도가 아니라, 도시 전체 학교와 마을, 공공기관이 공통된 비전과 목표를 공유하며 움직일 수 있다는 점이 세종의 특별한 잠재력이다.

예를 들어 전인적 성장을 위해 학교 교육과 지역 문화·복지·청소년 정책이 연계되고, 민주성과 공공성을 위해 시민참여 플랫폼과 학교 의사결정 구조가 서로 연결되며, 디지털·AI 역량 강화를 위해 도시의 디지털 인프라와 교육과정이 함께 설계될 수 있다. 포용성과 형평성을 위해서는 교육 정책이 교통·주거·복지 전략과 맞물려야 한다. 이런 방식으로 교육·교통·복지·문화가 하나의 관점에서 다시 엮일 때, "K-교육은 교실 안의 혁신에 그치지 않고 도시의 구조를 바꾸는 힘"이라는 말이 현실이 된다. 세종이 바로 그 변화를 가장 먼저 실험하고, 더 나은 모델을 정교하게 다듬어 가는 도시가 될 수 있다.

이러한 가능성은 이미 세종 곳곳에서 작은 장면들로 나타나고 있다. 어느 초등학교에서는 학교와 마을이 함께 프로젝트 수업을 만든다. 아이들은 인근 공공기관과 협력해 자신들이 사는 도시의 환경·교통·역사 문제를 조사하고 해결 방안을 제안하는 활동에 참여한다.

팀을 이루어 자료를 찾고, 지역 주민과 관계자들을 인터뷰하며, 토론을 거쳐 발표를 준비하는 과정에서 학생들의 표정과 태도는 변해 간다. 처음에는 발표가 두려웠던 아이가 자신의 조사 결과를 친구들 앞에서 설명하며 눈빛을 반짝이고, 조용하던 학생이 인터뷰 정리와 기록에서 탁월함을 드러내며 역할을 찾아 간다.

이때 교사는 더 이상 정답을 알려 주는 존재가 아니라, 과정을 설계하고 안전한 토론 문화를 만들며, 학생들의 질문과 시도를 지켜보는 동반자로 서게 된다. 교실의 권력 구조가 '가르치는 사람'과 '배우는 사람'의 이분법에서, 함께 탐구하는 공동체로 바뀌는 순간이다.

한 중학교에서는 학생 자치와 참여가 학교 문화를 바꾸는 동력이 되고 있다. 학생자치회는 학교 규칙 개정, 급식 메뉴 선정, 동아리 운영 방식을 논의하면서, 교사·학부모와 함께 공론장을 연다. 예를 들어 휴대폰 사용이나 복장에 관한 규칙을 두고 학생들이 스스로 조사와 토론을 거쳐 대안을 제시하고, 교사들과 협의를 통해 새로운 규정을 만들어 가는 과정이 실제로 일어난다. 세종이라는 도시가 가진 '새로움' 덕분에, 이런 제안이 "원래 그렇게 해왔으니 안 된다."는 말로 막히지 않고, "이번 학기부터 한 번 시도해 보자."라는 답으로 이어지기 쉽다.

학생들은 이 경험을 통해 자신의 목소리가 학교를 바꿀 수 있다는 감각, 즉 민주주의가 추상적인 개념이 아니라 일상의 규칙을 함께 만드는 일이라는 사실을 몸으로 익힌다. 학교는 그 과정에서 학생을 관리의 대상이 아니라 동료 시민으로 바라보는 연습을 하게 된다.

디지털·AI를 활용한 학습 혁신 역시 세종의 학교에서 하나의 장면으로 나타난다. 코로나19를 거치며 쌓인 온라인 수업 경험을 바탕으로, 어떤 학교는 하이브리드 수업 모델을 정교하게 다듬어 가고 있다. 수학 시간에는 AI 튜터가 학생 개개인의 풀이 과정을 분석해 약한 개념을 알려주고, 교사는 그 데이터를 바탕으로 어떤 학생이 어떤 도움을 더 필요로 하는지 파악해 소규모 맞춤 지도를 진행한다. 사회과 프로젝트에서는 학생들이 온라인으로 자료 조사와 공동 문서를 작성하고, 오프라인 수업에서 토론·역할극·현장 탐방을 통해 내용을 깊이 있게 확장한다. 이 과정에서 학생들은 디지털 도구를 단순한 편의 수단이 아니라, 협력과 탐구를 돕는 인프라로 경험한다. 동시에 AI가 제공하는 답을 무비판적으로 수용하지 않고, 다른 자료와 비교·검증하는 훈련을 하면서, 기술과 함께 살아갈 비판적 시민 역량을 키워 간다.

이처럼 세종의 교실과 마을에서 이미 시작된 작은 장면들은 K-교육의 가치들이 구체적인 삶의 모습으로 변해 가는 과정이다. 각 장면은 아직 완성된 모델이 아니라 시행착오와 실험이 뒤섞인 여정에 가깝지만, 바로 그렇기 때문에 도시 전체가 살아 있는 실험실이 될 수 있다.

세종이 앞으로도 이러한 시도를 확대하고 서로 연결한다면, 이 도시는 교실 하나, 학교 하나의 변화를 넘어, 교육을 통해 도시의 구조와 문화를 바꾸는 K-교육의 선도 도시로 자리매김할 수 있을 것이다.

4

남은 과제들:
제도·문화·인프라

세종이 '교육 수도'로 자리 잡기 위해서는 이미 시작된 변화 위에 남은 과제들을 차분히 짚어 보고, 제도·문화·인프라 측면에서 다음 단계를 준비해야 한다. 남은 과제를 바라보는 시선은 비관이 아니라, "따라서 세종은 이제 무엇을 더 해 나가야 하는가?"를 묻는 제안형이어야 한다. 그래야만 세종이 진행형 도시로서의 강점을 살리면서도 미래를 향한 분명한 방향성을 가질 수 있다.

먼저 제도적 과제가 있다. 지금까지 세종의 많은 학교에서 학교자치와 학생·학부모 참여가 활발히 논의되고 있지만, 이를 안정적으로 뒷받침할 규정과 예산, 인력 구조는 아직 충분히 마련되지 않았다. 따라서 세종은 학교운영위원회, 학생자치회, 학부모회가 실질적인 권한을 행사할 수 있도록 관련 규정과 지침을 정비해야 한다.

예를 들어 학교 계획 수립, 예산 편성, 공간 재구성 과정에 학생·학부모의 참여를 의무화하고, 이를 돕는 전문 인력과 지원 센터를 두는 것도 하나의 방안이 될 수 있다. 또 하나의 중요한 질문은 단위학교의 자율성과 도시 전체의 공공성·형평성 사이의 균형을 어떻게 잡을 것인가이다. 따라서 세종은 학교마다 다른 특색과 실험을 허용하되, 교육 기회와 자원이 특정 학교나 지역에만 몰리지 않도록 도시 차원의 공통 기준과 지원 원칙을 마련해야 한다.

문화적 과제도 만만치 않다. 교사·학부모·학생 모두에게 '실패를 허용하는 문화'는 아직 충분히 뿌리내리지 못했다. 새로운 수업 방식이나 학교 자치 실험을 시작할 때, "혹시 성과가 바로 눈에 띄지 않으면 어떻게 하나?"라는 두려움이 여전히 크다.

따라서 세종은 작은 시도와 시행착오를 존중하는 분위기를 제도적으로, 또 상징적으로 만들어 가야 한다. 실패한 사례에서도 배움을 찾아 공유하는 연수나 포럼을 정례화하고, 결과보다 과정과 시도를 높이 평가하는 문화가 필요하다. 입시 중심 문화를 완전히 벗어나지 못한 현실도 분명하다.

그러나 바로 그렇기 때문에 세종에서부터 '성공의 기준'을 다르게 정의해 볼 수 있다. 따라서 세종은 좋은 대학 진학률만이 아니라, 학생의 삶의 만족도, 관계와 시민성의 성장, 다양한 진로 선택과 지역 정착률 등을 함께 성공 지표로 삼는 새로운 평가 틀을 고민해야 한다.

인프라와 지원 체계는 제도와 문화를 실제로 움직이게 만드는 기반이다. 디지털·AI 교육이 구호에 그치지 않으려면 기기와 네트워크, 교육 플랫폼 같은 하드웨어뿐 아니라 이를 활용할 수 있는 교사의 연수와 지원 체계가 함께 구축되어야 한다.

따라서 세종은 모든 학교가 안정적인 디지털 환경을 갖추도록 지원하는 동시에, 교사들이 새로운 도구를 수업에 적용해 보고 서로의 경험을 나눌 수 있는 전문학습공동체와 연수 프로그램을 강화해야 한다. 디지털·AI 인프라는 학생 개인의 학습 데이터를 안전하게 관리하고, 맞춤형 학습을 설계하는 데 활용할 수 있어야 하며, 이를 위한 운리적 기준과 지원도 함께 마련되어야 한다.

물리적·사회적 인프라 역시 중요하다. 마을 교육공동체, 시민 참여 플랫폼, 청소년 공간은 교실 밖의 배움을 가능하게 하는 필수 요소다. 따라서 세종은 동네마다 아이들이 안전하게 머물 수 있는 청소년 공간과 작은 도서관, 마을교실을 확충해야 한다. 또한 시민이 교육 의제에 쉽게 참여할 수 있는 온·오프라인 플랫폼을 구축해, 학교와 행정이 일방적으로 계획을 발표하는 구조가 아니라 시민과 함께 교육 도시를 설계하는 구조를 만들어야 한다. 이런 인프라는 단지 시설을 늘리는 차원이 아니라 사람과 사람을 잇는 네트워크를 촘촘히 엮어 가는 과정이어야 한다.

결국 남은 과제를 향한 질문은 "무엇이 부족한가?"가 아니라 "따라서 세종은 앞으로 무엇을 더 시도해야 하는가?"로 정리할 수 있다. 세종이 제도와 문화, 인프라를 차근차근 다져 간다면 이 도시는 시행착오를 두려워하지 않는 교육 실험의 무대이자, 아이들과 시민이 함께 성장하는 진정한 교육 수도로 거듭날 수 있을 것이다.

5

'교육 수도 세종'이
여는 미래

'교육 수도 세종'은 단순히 학교 수가 많거나 교육 시설이 집중된 도시를 뜻하지 않는다. 이는 시민 누구나 배움에 참여할 수 있는 도시, 아이들이 안전하게 꿈꾸고 실패할 수 있는 도시, 교사가 존중받고 성장할 수 있는 도시, 행정과 정치가 교육을 최우선 가치로 두는 구조를 갖춘 도시를 의미한다. 세종이 이러한 도시로 거듭날 때, 대한민국 교육은 새로운 지평을 열고, K-교육 세종에서 시작된 변화는 전국과 세계로 퍼져 나갈 것이다.

시민 누구나 배움에 참여할 수 있는 도시는 교육 수도의 첫 번째 얼굴이다. 세종에서 도서관, 마을교실, 공공기관, 문화시설이 모두 연결된 학습 네트워크가 펼쳐진다면, 청소년뿐 아니라 어른들, 노인들까지 평생 배움의 주체가 된다. 직장인들이 온라인 플랫폼으로 지역 교육 프로젝트에 참여하고, 주민들이 마을 멘토로 아이들을 돕는 모습이 일상이 된다.

이러한 도시에서 교육은 특정 연령대의 전유물이 아니라 모든 시민의 권리이자 책임으로 자리 잡는다. K-교육 세종에서 시작된 이 실험은 전국 도시로 확산되어, 배움의 문턱을 낮추는 모델이 될 것이다.

아이들이 안전하게 꿈꾸고 실패할 수 있는 도시는 교육 수도의 핵심이다. 세종의 학교와 마을이 실패를 두려워하지 않는 문화를 만들 때, 학생들은 창의적 시도와 실험을 마음껏 펼칠 수 있다.

프로젝트가 실패해도 그것을 공유하고 다음에 반영하는 과정이 자연스러워지면 아이들은 진정한 문제 해결력을 키운다. 심리 상담과 돌봄 시스템이 뒷받침된 환경에서 꿈을 향한 도전이 장려된다. 바로 이런 세종에서 K-교육 세종에서 시작된 변화가 아이들의 잠재력을 해방하는 힘으로 전국 학교에 퍼져 나갈 것이다.

교사가 존중받고 성장할 수 있는 도시는 교육의 질을 보장하는 토대다. 세종에서 교사들은 연구와 협력을 위한 시간과 공간, 전문 연수, 동료 학습 공동체를 충분히 누릴 수 있어야 한다. 행정의 과도한 간섭 없이 자율성을 보장받고, 학생 성장의 주역으로서 대우받는 문화가 자리 잡는다.

교사의 노동 조건 개선과 전문성 개발이 최우선 과제가 된다. K-교육 세종에서 시작된 이 모델은 교사의 역량을 강화해 한국형 공교육의 국제적 위상을 높이는 데 기여할 것이다.

행정과 정치가 교육을 최우선 가치로 두는 구조는 교육 수도의 궁극적 모습이다. 세종의 정책 결정 과정에서 교육 예산과 비전이 최우선 순위에 놓이고, 모든 행정 결정이 아이들의 미래를 고려한다. 시민 공론장과 데이터 기반 평가가 정책을 이끌며, 교육이 도시 발전의 핵심 동력이 된다. 이러한 구조 속에서 세종은 단순한 행정 중심지가 아니라 교육을 통해 지속 가능한 미래를 여는 도시로 변모한다.

"K-교육 세종에서 시작"이라는 선언은 세종에서 싹튼 실험이 전국으로 확산될 수 있음을 약속한다. 세종의 학교 자치, 마을 연대, 디지털 혁신 모델이 타 지역의 벤치마크가 되고, 국가 교육 정책의 시범지로 기능한다. 더 나아가 세종에서 만들어진 모델은 국제사회에서 '한국형 공교육 모델'로 주목받을 잠재력을 지닌다.

OECD나 유네스코 포럼에서 세종의 사례가 공유되며, 개발도상국 도시들의 교육 개혁에 영감을 준다. 세종의 경험은 교육을 통해 도시 정체성을 재구성하려는 다른 지역들에게 소중한 참고서가 될 것이다.

교육 수도 세종은 행정가나 교육 전문가 몇 사람의 프로젝트가 아니다. 시민 한 사람 한 사람의 선택과 참여로 완성되는 도시이다. 교사, 학부모, 학생, 주민 여러분이 함께 이 비전에 동참할 때, 세종은 진정한 K-교육의 출발점이 될 것이다.

함께 만드는 학교,
우리가 쓴 '새로운 교육'

– 장석춘(세종시민) –

면 지역에 있는 작은 초등학교를 개방하여 마을 주민이 함께하는 세대 공감의 터로 만들어주세요.

– 김효민(소담고등학교 3학년) –

학생 인권이 향상된 학교를 바랍니다. 학생 인권에는 자유권, 학습권 등 다양한 권리와 책임이 포함됩니다. 그렇지만, 수많은 세종학교에서 국가인권위원회의 결정례와 다르게 과도한 용모 규제와 과도한 전자기기 규제를 하고, 상·벌점제로 학교생활을 점수화합니다. 예를 들어, 저는 대의원회 의장으로서 학생 인권 규정을 제정했지만, 아직 몇몇 선생님들은 인권과 거리가 먼 내용의 규정 개정을 추진하기도 합니다. 모든 교육공동체의 인권이 함께 실질적으로 향상되어야 교육 활동이 존중됩니다. 인권에 대해 학교·교육청이 관심을 갖고 도와주셨으면 좋겠습니다.

– 안주연(해밀초등학교 6학년) –

우석쌤 지리산 갔을때도 맛있는 거 같이 먹고 같이 축구 한 것도 너무 재밌었어요. 그리고 스포츠클럽도 응원 오셔서 감사드려요. 다시 오시면 좋겠어용. 나중에 또 뵈어.

해밀초랑 있을 때 현진샘이랑 같이 운동했던 게 재미 있었고 학교에서 도서관 행사를 할 때도 재미있었고 교장샘이 맨날 대회 나갈 때 같이 가주셔서 좋았어요. 그리고 스포츠클럽을 할때 지원 같은 걸 많이 해주셔서 좋았고 같이 샘이랑 놀면서 즐겁게 신체 능력 더 키우고 생각도 좋았던 것 같아요.

해밀에서는 스포츠클럽을 지원을 많이 해주시고, 참여할 수 있게 해주시고, 다양한 기회가 많았던 것 같아요.

– 홍지윤(해밀초등학교 6학년) –

우리 반과 함께 많은 활동을 하고 졸업을 한다니 정말 기쁘고 해밀초 파이팅!

– 전민서(해밀고등학교 1학년) –

제가 해밀초 6학년일 때 학교의 첫 번째 전교회장을 했었어요. 그때 유우석 교장선생님께서 정말 잘 챙겨주셔서 편하게 학교 생활하며 회장 일까지 할 수 있었습니다.

해밀초등학교에서의 생활도 즐거웠어요.

활동도 많이 했고 친절한 교장 선생님 덕분에 선생님들과의 소통도 부담 없이 할 수 있어 초등학교 생활이 아직까지 기억에 남습니다.

해밀초등학교는 외관도 예쁘고 학생들의 마음씨도 정말 예쁜 것 같아요 모두 유우석 교장선생님 덕분입니다.

해밀초등학교가 앞으로도 지금처럼 깨끗하고 멋진 해밀초등학교였으면 좋겠습니다. 유우석 교장선생님 화이팅!

– 황재필(해밀고등학교 1학년) –

제가 해밀초 6학년에 있던 시절 저는 그냥 평범한 학생이었습니다.

하지만 어느 날 유우석 선생님의 권유로 스포츠클럽이라는 것을 접하게 되었습니다.

유우석 선생님의 권유로 시작했던 스포츠클럽은 제가 중학생, 고등학생이 될 때까지도 유우석 선생님이 저에게 가르쳐 주신 내용을 저의 후배들에게 가르쳐주고 있습니다. 유우석 선생님 덕분에 저 황재필이라는 사람은 새로운 사람이 되었습니다. 감사합니다.

– 맹지유(해밀중학교 1학년) –

해밀초였던 1년전, 해밀초에서의 추억은 지금까지 가장 뜻깊었습니다.

매일 아침 항상 신호등에서 인사해주시는 유우석 교장 선생님, 아침 일찍부터 운동을 함께해주시는 김현진 선생님, 방과후에는 석태영 선생님과 농구훈련을 하면서 저의 2024년은 너무나도 행복하고 또한 하루하루가 의미깊었습니다.

물론 스포츠 담당 선생님들뿐만 아니라 저의 6학년 담임선생님이신 김지수 선생님과 저를 담당 학생처럼 생각하고 챙겨주시고 볼때마다 반갑게 인사해주셔서 감사했습니다.

지수쌤은 항상 공부보다 운동이 중요한 저를 혼내시는 게 아닌 이해해주시고 조금이라도 저에게 도움이 되는 말씀을 하셨습니다.

이런 해밀초 선생님들 덕분에 저에게는 가장 믿을 수 있고 또 가장 존경하는 선생님들입니다.항상 감사합니다.

— 권지예(해밀중학교 2학년) —

해밀초 재학생이였던 당시 해밀초에서 수많은 종목으로 스포츠클럽에 참여하였습니다.

해밀초에 다니면서 수많은 종목을 배우고 관심을 가지게 되었으며 신체적 능력이 발달하였고, 친절한 김현진 선생님의 가르침으로 즐겁게 운동을 즐길수 있었고, 유우석 교장쌤께서 매일 도와주셔서 스포츠클럽의 꽃이 필 수 있었습니다.

해밀초의 스포츠클럽이 더 크게 성장할 수 있도록 아낌없는 지원과 노력으로 해밀초의 스포츠클럽이 성장할 수 있었습니다

— 민채윤(해밀중학교 1학년) —

마음이 잘 맞는 친구들이 많았어요! 아름반 친구들과 금요일마다 약속잡고 노는것도 즐거웠고 학급 행사 같은것도 재밌었습니다. 교장

선생님이 여셨던 오목대회도 기억에 남아요. 평생 잊지못할 초등학생 생활을 보낸거 같아요!

– 박라임(해밀초등학교 6학년) –

이번년도에 여러 문제를 이유로 세종시의 거의 모든 학교가 수학여행을 가지 못했습니다. 저희 6학년 많은 선생님들께서 노력해주신 덕에 수학여행을 다녀오며 해밀초 친구들, 선생님분들과의 평생 잊지 못할 것만 같은 추억을 만들었던 것 같습니다. 이런 소중한 기억들과 초등학교서의 행복한 날들을 쌓아갈 수 있었던 해밀에서 지낸 것이 정말 인상깊습니다!

– 임산하(해밀초등학교 6학년) –

해밀초의 생활할 수 있게 자유로운 분위기 덕분에 모두가 유쾌하고 활기차게 된 거 같다.

– 박서정(해밀초등학교 6학년) –

제가 지냈던 초등학교 학년중 제일 친숙하고 가족처럼 느껴진 적은 처음이에요!! 일년 동안 진짜 많은 지식도 얻게 되어 행복했습니다!! 또한 학교 복지는 제가 가봤던 학교 중 제일

좋았었습니다!! 이러한 좋은 학교와 친구, 선생님이 있어서 너무 행
복했습니당!!!

새로운 교육의 탄생

K-교육, 세종에서 시작합니다

2026년 01월 12일 초판 1쇄 발행

저자　　　유우석

발행인　　전병수
본문 디자인　배민정
표지 디자인　은희주

발행　도서출판 수류화개

등　　록.　제569-251002015000018호 (2015.3.4.)
주　　소.　세종시 한누리대로 312 노블비지니스타운 704호
전　　화.　044-905-2248
팩　　스.　02-6280-0258
메　　일.　waterflowerpress@naver.com
홈페이지.　http://blog.naver.com/waterflowerpress

ⓒ 도서출판 수류화개, 2026

값 20,000원
ISBN 979-11-92153-28-5 (03370)